RECUPERAÇÕES JUDICIAL E EXTRAJUDICIAL

um manual de acordo com a Lei n. 11.101/2005 e sua reestruturação pela Lei n. 14.112/2020

SÉRIE ESTUDOS JURÍDICOS: DIREITO EMPRESARIAL E ECONÔMICO

Rua Clara Vendramin, 58 . Mossunguê . Cep 81200-170 . Curitiba . PR . Brasil
Fone: (41) 2106-4170 . www.intersaberes.com . editora@intersaberes.com

Conselho editorial Dr. Ivo José Both (presidente), Dr. Alexandre Coutinho Pagliarini, Drª Elena Godoy, Dr. Neri dos Santos, Dr. Ulf Gregor Baranow ▪ **Editora-chefe** Lindsay Azambuja ▪ **Gerente editorial** Ariadne Nunes Wenger ▪ **Assistente editorial** Daniela Viroli Pereira Pinto ▪ **Preparação de originais** Rodapé Revisões ▪ **Edição de texto** Letra & Língua Ltda., Monique Francis Fagundes Gonçalves ▪ **Capa** Luana Machado Amaro ▪ **Projeto gráfico** Mayra Yoshizawa ▪ **Diagramação e** *designer* **responsável** Luana Machado Amaro ▪ **Iconografia** Regina Claudia Cruz Prestes

Dados Internacionais de Catalogação na Publicação (CIP)
(Câmara Brasileira do Livro, SP, Brasil)

Guieseler Junior, Luiz Carlos
  Recuperações judicial e extrajudicial: um manual de acordo com a Lei n. 11.101/2005 e sua reestruturação pela Lei n. 14.112/2020/Luiz Carlos Guieseler Junior. Curitiba: Editora Intersaberes, 2021. (Estudos Jurídicos: Direito Empresarial e Econômico)

  Bibliografia.
  ISBN 978-65-5517-447-2

  1. Empresas – Recuperação – Leis e legislação – Brasil 2. Falência – Leis e legislação – Brasil 3. Recuperação extrajudicial (Direito) – Leis e legislação – Brasil 4. Recuperação judicial (Direito) – Leis e legislação – Brasil I. Título. II. Série.

21-78399   CDU-347.736(81)(094)

Índices para catálogo sistemático:
1. Recuperação extrajudicial de empresas: Leis: Brasil
   347.736(81)(094)
2. Recuperação judicial de empresas: Leis: Brasil
   347.736(81)(094)

Cibele Maria Dias – Bibliotecária – CRB-8/9427

1ª edição, 2021.

Foi feito o depósito legal.

Informamos que é de inteira responsabilidade do autor a emissão de conceitos.

Nenhuma parte desta publicação poderá ser reproduzida por qualquer meio ou forma sem a prévia autorização da Editora InterSaberes.

A violação dos direitos autorais é crime estabelecido na Lei n. 9.610/1998 e punido pelo art. 184 do Código Penal.

Luiz Carlos Guieseler Junior

Sumário

13 ▪ *Prefácio*

17 ▪ *Apresentação*

23 ▪ *Introdução*

Capítulo 1
27 ▪ Noções sobre recuperação
28 | Princípio da preservação da empresa
34 | Recuperação judicial
47 | Diferenças e semelhanças entre recuperação e falência
50 | Caminhos da economia na preservação das empresas

Capítulo 2
55 ▪ Pressupostos processuais e materiais para a recuperação
57 | Legitimidade para a recuperação
64 | Processamento da recuperação
65 | Plano de recuperação judicial
75 | Assembleia geral de credores e comitê de credores

Capítulo 3
81 ▪ **Fases da recuperação judicial**
82 | Fase postulatória
104 | Fase deliberativa
107 | Fase executória
111 | A "grande inovação" da LFR trazida pela Lei n. 14.112/2020

Capítulo 4
115 ▪ **Recuperação judicial das microempresas e empresas de pequeno porte**
116 | Noções gerais
120 | Regime especial de recuperação judicial
124 | Plano especial
128 | Produtor rural inserido pela Lei n. 14.112/2020

Capítulo 5
131 ▪ **Recuperação extrajudicial**
132 | Noções gerais
143 | Créditos admitidos
144 | Créditos não aderentes
146 | Elaboração dos planos de recuperação extrajudicial individual e coletivo
148 | Rito da recuperação extrajudicial

Capítulo 6
153 ▪ Convolação da recuperação judicial
154 | Noções gerais
156 | Convolação pela não apresentação do plano
163 | Convolação pela não aprovação do plano
169 | Convolação pela não execução do plano
174 | Convolação por deliberação da assembleia
178 | Convolação por descumprimento dos parcelamentos tributários ou da transação tributária
182 | Convolação pelo esvaziamento patrimonial do devedor

185 ▪ *Considerações finais*
195 ▪ *Referências*
201 ▪ *Sobre o autor*

Dedico este trabalho à minha saudosa avó, Edwirgem Radwanski, que não media esforços para que meus estudos não fossem interrompidos pelas adversidades da vida.

É hora de agradecer.

Mais uma vez, e de modo eterno, sou grato aos meus queridos amigos professores André Peixoto de Souza e Tiemi Saito pelo depósito de tamanha confiança em mim.

Em nome de uma amizade sincera e duradoura, a meu querido colega de profissão, na batalha da advocacia e da academia, Eduardo Francisco de Siqueira, por tudo o que contribuiu para viabilizar que esta escrita fosse possível, com suas percucientes e astutas observações, que são manifestações de seu intelecto invejável.

À minha família, minha vida.

À minha mãe, Ivanilda. Ao meu pai, Luiz, obrigado por tudo.

Prefácio

Desde há muito se ouve a expressão "o Brasil não é para amadores nem principiantes". De fato, a inconstância de nossa política econômica, notadamente nos últimos anos, leva-nos a pensar que somente pessoas com coragem sobre-humana arriscam empreender – e não nos esqueçamos daqueles que empreendem por absoluta necessidade, contingente que aumenta cada dia mais diante das sucessivas crises econômicas que nos assolam. Mesmo aqueles que já estão no mercado, supostamente estabelecidos, sofrem com os solavancos econômicos. Com esse cenário, o mundo empresarial, certas vezes, precisa de um fôlego para prosseguir ou recomeçar, e não simplesmente "encerrar a empresa ou fechar as portas". Daí a importância do instituto da recuperação judicial.

Luiz Carlos Guieseler Junior, aluno destacado do Programa de Pós-Graduação em Direito do UniBrasil – Centro Universitário – antes do mestrado, agora do doutorado –, traz, com sua novel obra acadêmica, estudos e reflexões sobre esse tema de inegável relevância para o direito empresarial, com repercussões em outras áreas do estudo do direito, como o direito tributário, por todas.

A atividade empresarial, por certo, tem suas bases fincadas nos princípios da livre concorrência e da livre-iniciativa, em um regime republicano, democrático e liberal – um liberalismo que, necessariamente, deve ser visto por um olhar republicano e, portanto, não individual, mas, antes, coletivo. Por isso a imperiosidade de, antes de decretar seu fim, fazer um esforço econômico e jurídico pela sua manutenção, sobretudo sob a perspectiva da relevância social. A preservação da empresa, para além da satisfação pessoal do empresário, indica a preservação de postos de trabalho e a continuidade da contribuição tributária.

A real percepção dessas questões que fundam a noção de recuperação judicial (atividade privada e interesse social, em rápido resumo), somada à destreza técnica no estudo da matéria, torna esta obra essencial. Essencial não só para os profissionais, mas também para os estudantes de Direito e até mesmo para aqueles que, embora não sejam expertos na área, têm interesse direto na questão, como administradores, economistas, contadores e até mesmo credores. Serve, portanto, a estudantes, estudiosos e interessados, porque sua linguagem é clara e acessível, algo não tão comum em obras dessa densidade. Além disso, a obra é atualíssima, pois contempla a reformulação da Lei de Recuperação Judicial e Falências em razão da entrada em vigor da Lei n. 14.112/2020.

Propõe o autor, também, um chamado ao exercício hermenêutico, medular na compreensão do direito em sua amplitude. Eis outro diferencial desta obra, uma vez que a simples leitura dos artigos da lei não dá, nunca, a devida dimensão da questão. É preciso compreender, o que requer algo maior que a simples leitura.

O percurso do trabalho é minucioso: inicia no estudo dos princípios atinentes à questão de fundo, passa pelo processo de recuperação e culmina na possibilidade de convolação da recuperação judicial em falência. Trabalho de fôlego, denso, mas que não implica leitura difícil, como já se destacou. Ao contrário, é uma leitura convidativa, prazerosa.

Guieseler se propôs um desafio e dele se desincumbiu com maestria, própria de um pesquisador-professor, além de advogado de mão cheia. Aliar teoria e prática em um escrito é expressão de talento. Ouso dizer que é a completude da academia. E o resultado não pode ser diferente do que a enorme receptividade da obra por uma pluralidade de leitores, que ultrapassa a fronteira do direito.

De outro lado, o desafio de escrever o prefácio de tão rica obra penso não ter vencido. As palavras até aqui lançadas ao papel podem não dar conta da excelência do trabalho do autor. Sempre ficará algo por falar, algo por acrescentar, algo por arrematar neste pequeno escrito para o qual fui honrosamente chamado a fazer.

Todavia, há uma certeza: as leitoras, os leitores, ganharão, e muito, com a leitura deste trabalho, feito com habilidade e, quiçá o mais importante, com paixão. Paixão que deve nortear qualquer trabalho, qualquer atitude, qualquer empreitada. Concordo com Piazzolla (afinal, quem sou eu para dele discordar), segundo o qual os loucos inventaram o amor, e arrisco completar: os mais loucos inventaram a paixão. Uma excelente leitura a você!

Curitiba, outono de 2021
Marco Antonio Lima Berberi[1]

---

[1] Doutor, mestre e bacharel em Direito pela Universidade Federal do Paraná (UFPR) e professor na graduação e no Programa de Pós-Graduação em Direito (PPGD) do UniBrasil – Centro Universitário (Curitiba-PR). Pesquisador do Núcleo de Pesquisa em Direito Civil-Constitucional da UFPR (Grupo "Virada de Copérnico") e do Grupo de Pesquisa CNPQ Nupeconst – UniBrasil, linha de pesquisa: direitos fundamentais e relações privadas. Advogado e procurador do Estado do Paraná.

Apresentação

No Brasil, as empresas têm uma enorme relevância, uma vez que a atividade que desenvolvem promove impactos na vida das pessoas, além de serem responsáveis pela difusão e pela circulação de bens e riquezas. Os benefícios sociais – dessa difusão e dessa circulação – são sentidos em todos os setores da sociedade: na geração e na manutenção dos empregos, na arrecadação tributária, na movimentação das riquezas, no desenvolvimento sustentável da economia. Ao longo deste livro, constatamos que, em um Estado democrático de direito, cuja sociedade é permeada pelos princípios da livre concorrência e da livre-iniciativa, não se pode descurar da tutela da manutenção desse setor da economia.

Além do instituto da falência, o Estado tem mecanismo de soerguimento de empresas em dificuldade, pelas razões que nesta obra serão expostas, estudadas e desdobradas. Os interesses tutelados devem ser explicitados e analisados tendo como norte a manutenção da atividade empresarial, para os casos em que assim se permita, justamente para não apenas manter em funcionamento a atividade do empresário, mas também para preservar, de modo amplo e social, toda a difusão de benefícios sociais que uma empresa representa: produtos mais acessíveis, trabalho e renda para os trabalhadores, além de tributos para o Estado.

Com isso em mente, surge a chamada **recuperação de empresas** como solução criada pelo Estado para a manutenção da atividade empresarial cuja pretensão, antes de tudo, é de cunho social, não se reduzindo tão somente aos interesses dos empresários. O desejo é identificar as peculiaridades desse instituto tão importante de modo a contribuir para a difusão de seu alcance. Em comparação com as regras amplas de outros ramos do direito, seu objetivo é atrair uma série de partes interessadas para expor o comportamento das questões jurídicas e interpretar as normas de **recuperação**. Existem muitos mitos para cuja interpretação são necessários cuidados e rigor técnico.

Este livro é dirigido a profissionais que buscam compreender detalhes da possibilidade de requerer **recuperação** para evitar um mal maior, qual seja: a falência das atividades empresariais, que significaria o encerramento definitivo destas.

Advogados interessados em atuar com segurança em processos de soerguimento de empresas ou em atuar como administradores judiciais, bem como outros profissionais autorizados por lei, como economistas, administradores de empresas ou contadores, encontrarão algumas respostas para suas perguntas neste livro. Estudantes e pesquisadores de direito também poderão dirimir dúvidas acadêmicas sobre a discussão de certos princípios e alcance lógico de seu processo de **recuperação**, o que, sem dúvida, requer fundamentação jurídica. Até mesmo credores, empresários ou não, poderão utilizar o conteúdo desta obra para se posicionar no mundo processual e, ainda, entender como toda a lógica processual se desenvolverá e em que medida sua participação na **recuperação** é salutar para a retomada da empresa.

No Capítulo 1, abordamos noções sobre recuperações judicial e extrajudicial. Tratamos do princípio da preservação da empresa como corolário do fundamento da conservação da atividade empresarial. Analisamos também as relações intersubjetivas das empresas e a importância delas na economia nacional, bem como distinguimos a recuperação judicial da recuperação extrajudicial. Versamos, ainda, sobre a falência do empresário e da sociedade empresária, além dos caminhos da economia na preservação das empresas.

No Capítulo 2, nosso objeto são os pressupostos processuais e materiais para recuperação. Também examinamos tanto a legitimidade quanto o processamento da recuperação. Evidenciamos, ainda, a análise do plano de recuperação judicial, a assembleia geral e o comitê de credores, bem como o quórum de liberação na recuperação.

No Capítulo 3, tratamos da identificação das fases da recuperação judicial: a fase postulatória e seus objetivos, a legitimidade ativa, além do rol de documentos para postulação, bem como os créditos abrangidos e suas exceções. Abordamos, nesse contexto, a decisão de processamento, a fase deliberativa e os meios para **obtenção de recuperação da empresa** e, por fim, a formalização da fase executória com o processamento da recuperação judicial e do plano de recuperação judicial e, especialmente, o período de cumprimento. Ainda, discorremos, brevemente, sobre a eventual nomeação de um gestor judicial e sobre as circunstâncias nas quais essa nomeação é necessária. Também observamos a inovação da Lei n. 14.112/2020 com a chamada DIP *financing*, de inspiração no direito americano como forma de financiamento com riscos menores para o aporte de recursos de terceiros em empresas em recuperação judicial.

No Capítulo 4, destacamos a recuperação judicial das microempresas e empresas de pequeno porte, além de analisarmos o

Regime Especial de Recuperação Judicial, o plano especial e a figura do produtor rural, inserida pela Lei n. 14.112/2020.

No Capítulo 5, tratamos da recuperação extrajudicial e de suas modalidades, dos créditos admitidos e inadmitidos, bem como do rito do plano de recuperação extrajudicial.

No Capítulo 6, o ponto central é a convolação da recuperação judicial em falência, em cuja interpretação mostramos as hipóteses feitas pela não apresentação do plano, pela não aprovação do plano, pela não execução do plano e, por fim, por deliberação da assembleia geral de credores.

Introdução

O art. 47 da Lei n. 11.101, de 9 de fevereiro de 2005 – Lei de Falência e Recuperações (LFR) – dispõe, em seu início, que a "recuperação judicial tem por objetivo viabilizar a superação da situação de crise econômico-financeira do devedor" (Brasil, 2005). A teleologia é que, mediante o instituto da recuperação, a empresa em dificuldades financeiras obtenha um respaldo do Estado, por meio do Poder Judiciário, para o soerguimento de sua atividade empresarial, utilizando-se das ferramentas legais que a LFR disponibiliza para a "superação" da situação de crise.

A ideia de superação é algo que nos remete a vencer desafios que a vida nos apresenta. São muitos os exemplos de superação conhecidos por todos. Podemos citar, na história do mundo, Albert Einstein, que era conhecido por nunca desistir de tentar, assim como Thomas Alva Edison – que dizem ter testado mais de 1.200 filamentos para a lâmpada – e, ainda, Stephen Hawking, o físico diagnosticado aos 21 anos com uma doença degenerativa que lhe retiraria a vida em 3 anos. E é sabido que este último manteve produção intelectual até os 76 anos.

No Brasil, as histórias de superação são as mais diversas. Embora nosso país tenha encantos mil, viver por aqui é um desafio muitas vezes quase insuperável. Vencer a fome, a miséria, a ignorância e todas as formas de preconceito e discriminação não é apenas um desafio, mas sim efetiva superação. Nossa história revela que, em tempos de hiperinflação, nossos executivos eram "exportados" para economias estáveis em razão da expectativa de que, se conseguiam sobreviver em ambiente tão hostil, o que não fariam em ambientes amigáveis. Certo?

Para relatar apenas uma história de superação que representará todas as pessoas que vencem seus desafios, apresentamos a "Badu". Esse é o apelido carinhoso que ela ganhou, embora tenha sido batizada com o nome de Emanuela. Aos três anos, fora diagnosticada com uma doença genética degenerativa que dificilmente a faria chegar à vida adulta. Com dificuldades motoras e visão prejudicada, passou a frequentar o Instituto Paranaense dos Cegos (IPC), onde aprendeu a ler e a operar máquina de escrever em braile. E foi nesse instituto que conheceu a dança, quando desenvolveu talento para essa arte apresentando-se em vários eventos, inclusive no renomado Teatro Guaíra. A dança foi interrompida quando perdeu sua capacidade motora. Mas isso a fez, com todas as limitações físicas, iniciar um curso superior de administração de empresas e nele se formar, mantendo-se, assim, ativa para aproveitar a vida que lhe foi dada. Hoje, aos 40 anos, como terapeuta reikiana formada, atende pessoas nas dependências da igreja que frequenta em sua cidade. É exemplo de fé e superação – herdadas de seus pais – que a conduziram a viver uma vida plena e digna, mesmo diante das limitações físicas.

Como é possível perceber, a superação de obstáculos é a nota que nós, seres humanos, estamos a enfrentar na árdua tarefa de viver neste mundo de intempéries e hostilidades. Todos os dias superamos as crises e partimos para novos desafios.

Com a atividade empresarial não é diferente. Nesse micromundo, todos os dias os empresários encontram obstáculos a serem ultrapassados diante da difícil arte de empreender no Brasil. Como suplantar o mercado e a concorrência de um modo justo e leal? Como vencer a alta carga tributária incidente na atividade empresarial? Como atravessar os sabores do mercado que oscilam como o vento?

Todas essas questões influenciam, e muito, o dia a dia das empresas que se reproduzem no alvorecer da manhã. Todas essas adversidades são esperadas no desenvolvimento de uma atividade empresarial. O que deve ser levado em consideração é aquela crise que suplanta as forças próprias da empresa, em razão do que surge a recuperação.

Para isso, o Estado, por meio do Judiciário, entra com mecanismos para buscar ultrapassar a situação de crise econômico-financeira da empresa com o instituto da recuperação, judicial ou extrajudicial, a fim de aparelhar as empresas com instrumentos para a superação da crise e a consequente manutenção das fontes de geração de renda, de postos de trabalho e dos tributos.

Capítulo 1

Noções sobre recuperação

A recuperação é instituto relevante na busca do soerguimento de uma atividade econômico-empresarial. Tem como fundamentos alguns princípios e regras que merecem ser descortinados, como uma espécie de *topoi*, ou seja, senso comum dentro do conhecimento técnico-jurídico. Quer isso dizer que se faz necessário o estudo de alguns tópicos para adentrarmos nos meandros da recuperação. Para tanto, vamos analisar noções sobre recuperação, inicialmente com o estudo do princípio da preservação da empresa como estrutura para a formação de suas regras; também a recuperação judicial e seus detalhes, bem como diferenças e semelhanças entre recuperação e falência e aquilo em que tudo isso reflete nos caminhos da economia para a preservação das empresas.

— 1.1 —
Princípio da preservação da empresa

O mundo empresarial e as empresas compõem um importante espaço na economia brasileira. Por essa razão, o legislador resolveu proteger a atividade empresarial no momento de crise existente dentro das empresas. A derrocada de uma atividade empresarial implica cessação dos interesses do empresário, bem como influencia toda a esfera de coletividade de interesses que circundam a órbita da empresa.

Com o fechamento de uma empresa, padecem várias fontes de interesse econômico e social, como a circulação de riquezas, a arrecadação de tributos, a geração de empregos, entre outras. Muito mais nocivo para a sociedade e a economia é o fato de a empresa fechar as portas, com toda a carga econômica negativa que isso representa, sem contar com a ajuda do Estado, que tem a responsabilidade de manter uma economia saudável, na busca de tornar viável, novamente, a atividade empresarial.

É o papel do Estado, desejado pelo seu administrado, manter vivas as empresas que detenham viabilidade financeira, pois as atividades delas representam grande parcela do desenvolvimento econômico de um país e também a manutenção de um mercado saudável e equilibrado.

Diante desse quadro, é importante ressaltar que a atividade empresarial extrapola os interesses individuais do empresário e passa a interferir na esfera coletiva de todos os entes individualmente considerados.

A coletividade, nesse caso, acaba por ser também prejudicada, uma vez que há uma perda de postos de trabalho, geração de riquezas e de tributos, o que, para a sociedade e para a economia, é também lesivo. É da reunião desses interesses que surge a proteção individual, pois, protegendo-se todos, protege-se um.

Desse modo e com esse espírito é que foram criadas a recuperação judicial e a recuperação extrajudicial, ideia, diga-se, não exatamente nova, uma vez que foi inspirada na figura da falecida concordata[1], prevista no Decreto n. 7.661, de 21 de junho de 1945, no qual também se previa a possibilidade de salvaguardar as empresas em crise econômico-financeira, mas com o objeto de menor alcance do que as atuais recuperações judicial e extrajudicial (Brasil, 1945).

A sustentação econômica de uma sociedade baseia-se na geração de condições econômicas para o desenvolvimento da atividade empresarial, que fornece para os cidadãos produtos e serviços indispensáveis à sobrevivência humana nos dias de hoje. O impacto do encerramento de uma atividade empresarial é muito mais nocivo do ponto de vista da coletividade do que do ponto de vista individual do empresário.

Por essa razão, o fundamento da recuperação de empresas é o **princípio da preservação da empresa**, que tem por escopo a preservação da atividade empresarial em razão de todas as consequências econômico-sociais até aqui expostas.

A Lei de Falência e Recuperações (LFR) – Lei n. 11.101, de 9 de fevereiro de 2005 – mudou a forma como o princípio da preservação da empresa era aplicado (Brasil, 2005). Na sistemática anterior, ou seja, sob a vigência do Decreto-Lei n. 7.661/1945, as empresas poderiam requerer concordata para promover seu soerguimento, mas com objeto limitado aos credores quirografários. A Lei n. 11.101/2005, por sua vez, tem várias finalidades

---

1   A Lei n. 14.112/2020 acaba por fulminar qualquer contato de semelhança com a extinta concordata, pois amplia o âmbito de incidência da recuperação judicial especial e, com isso, transforma completamente a aplicabilidade daquele tão importante instituto anterior à Lei n. 11.101/2005.

no trato da identificação e no cuidado de empresas em situações de crise, alocando um rol maior de credores em potencial de recuperação.

Quando a crise é significativa e implica fechamento das atividades, é saudável para o mercado, como um todo, que seja aplicado à empresa o rito falencial, desde que identificadas as inviabilidades econômica e financeira, situações essas que podem conduzir a empresa, em razão dessas mesmas dificuldades, a práticas predatórias de mercado, como venda de produtos abaixo do preço de custo, não recolhimento de tributos, não recolhimento de direitos trabalhistas, entre outras.

Entretanto, a Lei n. 11.101/2005 também tem como finalidade impedir que empresas que passam por dificuldades financeiras **transitórias**, mas que mantêm viabilidade econômica, acabassem fechando as portas. Nesse intuito, preocupou-se o legislador em prever uma oportunidade de que o devedor possa continuar operando enquanto negocia com seus credores, reduzindo o risco de ter as dívidas executadas e diminuindo, ainda, o risco de ter contra si a falência decretada, que é a reunião coletiva de todos os credores detentores de créditos líquidos, certos e exigíveis.

É aí que nasce o instituto da recuperação judicial, exatamente quando o legislador "deu vida" ao princípio da preservação da empresa. Como nos é cediço, o impacto da recuperação judicial vai além da empresa que a requereu. Isso ocorre porque, ao permitir manutenção de empregos, movimentação da economia e saúde financeira de fornecedores, não só o devedor, mas também a sociedade como um todo ganham.

Ademais, assim como todos os institutos jurídicos, para que o devedor possa valer-se desse "benefício", deve encaixar-se em alguns requisitos, todos os quais elencados pelo legislador infraconstitucional desde o advento da Lei n. 11.101/2005. Tais requisitos são uma forma de o Estado controlar o ímpeto de aventureiros no mercado, os quais podem banalizar tanto o instituto da recuperação quanto o próprio mercado em que atuam.

É importante salientar que esta não é uma via aberta para todas as empresas. É um caminho que, para ser trilhado, requer o preenchimento de várias exigências, pois o Estado não pode tutelar atividades empresariais só pelo fato de essa atividade existir. Essa atividade, além de existir, precisa ter conotação social, ou seja, relevância no mercado, de modo que a crise que a ela se apresenta não resulte de inviabilidade econômica, mas sim de momentânea inviabilidade financeira. Isso acontece porque, se a inviabilidade da empresa for econômica, não lhe resta outro caminho senão sair do mercado mediante decretação de falência.

A conotação social, então, deriva justamente da análise da manutenção dessa empresa no mercado: sendo inviável absolutamente, deve ser encerrada, pois pode contaminar o mercado com suas práticas; se inviável relativamente, o Estado deve permitir que se recupere, a fim de preservar todos os interesses que circundam a empresa considerada. Ambas as situações têm impacto direto na sociedade, pois somos todos consumidores de bens e serviços ofertados pelas empresas num ciclo de oferta e procura no qual se perde força econômica de toda a sociedade.

É preciso advertir que a viabilidade de uma empresa se traduz no equilíbrio. Na viabilidade econômica, esse equilíbrio se verifica entre a oferta e a procura – vale dizer: o mercado em que atua a empresa necessita (procura) dos produtos e serviços (oferta) que aquela empresa oferece. Por sua vez, o equilíbrio da viabilidade financeira reside no sopesamento entre o ativo e o passivo da empresa – ou seja, se o ativo bastar para fazer frente ao passivo e ainda gerar lucro, haverá viabilidade financeira.

Identificando-se que a inviabilidade (momentânea) da empresa devedora é a financeira (ativo/passivo), não faltando-lhe, por outro lado, a viabilidade econômica (oferta/procura equilibrados), é o caso, sim, de preservar a atividade desenvolvida, em razão de todos os apontamentos sociais e econômicos aqui apresentados.

Podemos conceituar, portanto, o **princípio da preservação da empresa** como aquele que visa proteger uma atividade empresarial que tenha viabilidade econômica, mas padeça de momentânea inviabilidade financeira, a fim de que tenha prosseguimento no mercado em razão dos benefícios sociais e econômicos que representa.

Destacamos, ainda, que esse princípio fundamenta a **recuperação judicial**, tanto ordinária quanto especial (microempresas, empresas de pequeno porte e pequeno produtor rural), bem como a **recuperação extrajudicial**, tanto a individual quanto a coletiva.

O estudo das modalidades de recuperação será objeto de detida análise específica, nos capítulos seguintes. A recuperação judicial, especificamente, veremos no tópico subsequente.

— 1.2 —
Recuperação judicial

Com a promulgação da Lei n. 11.101, em 2005, surgiu no direito brasileiro o instituto da recuperação de empresas, tanto de forma judicial quanto extrajudicial. Anteriormente, o Decreto-Lei n. 7.661/1945 trazia a figura da concordata, que foi excluída, com esse nome, do ordenamento jurídico. Registramos que a concordata foi a inspiração da recuperação judicial e se aproximava da recuperação extrajudicial individual, justamente por incluir os credores quirografários em seu rol. Contudo, a Lei n. 14.112, de 24 de dezembro de 2020, amplia o rol de credores, sepultando, de vez, qualquer semelhança com o instituto da concordata, mantendo-a, tão somente, como "inspiração" (Brasil, 2020).

Com o advento do instituto da recuperação de empresas, a crise econômico-financeira da atividade empresarial passou a ser encarada sobre outro vértice, uma vez que se passou a entender que a eventual quebra não ocasionaria problemas apenas para a empresa devedora, individualmente considerada, mas um problema coletivo, apto a atingir todos os que estiverem ligados àquela empresa, direta ou indiretamente.

Sob esse fundamento, chega-se ao extremo de autores como Ecio Perin Júnior (2012) defenderem que o objetivo principal do instituto da recuperação é a manutenção da atividade empresarial, sendo mera consequência, – embora também importante –, o pagamento dos credores.

Salientamos que os requisitos da recuperação judicial são, também, requisitos para a recuperação extrajudicial. Por essa razão, o destaque deles é relevante para compreender-se, de maneira clara e objetiva, o que fundamenta cada um desses requisitos e sua aplicabilidade nas duas modalidades de recuperação.

Qualquer classificação se justifica pela utilidade. Isto é, a separação dos institutos está a serviço de uma didática, razão pela qual não existem classificações certas ou erradas. O que determina a utilidade de uma classificação é seu **critério**. A firmeza na utilização desse critério é que fará com que aquilo que se quer classificar torne-se inteligível e útil para seu destinatário.

Os critérios utilizados para classificar os requisitos quanto à concessão de recuperação judicial são:

- **Subjetivo**, quando analisa a viabilidade da atividade empresarial considerada.
- **Objetivo**, quando analisa o preenchimento das condições para obtenção da recuperação. Vale dizer: será objetivamente indeferida a recuperação quando não preenchidas as

condições objetivas previstas em lei, ainda que, em alguns casos, seja analisado o sujeito requerente.

O primeiro requisito geral necessário para uma eventual recuperação é o critério **subjetivo**, que significa que a empresa considerada deve demonstrar condições de superar a situação de crise econômico-financeira, com a realização da própria atividade econômica, pois más empresas devem falir para que as boas não se prejudiquem. Esse requisito será demonstrado quando da apresentação do plano de recuperação judicial, que é o principal fio condutor da empresa e instrumento de viabilização de retomada de solvabilidade.

De acordo com a inteligência do art. 47 da LFR, a recuperação judicial – que se reproduz também na extrajudicial – tem por objetivo viabilizar a superação da situação de crise econômico-financeira do devedor, a fim de permitir a manutenção da fonte produtora, do emprego dos trabalhadores e dos interesses dos credores, promovendo, assim, a preservação da empresa, sua função social e o estímulo à atividade econômica. Essas prescrições revelam que o legislador levou em conta a subjetividade do devedor no uso da recuperação judicial ou extrajudicial.

É preciso consignar que o requisito **subjetivo** somente será analisado, em eventual pedido de recuperação, quando devidamente preenchidos os requisitos objetivos. Portanto, embora aqui, didaticamente, a análise seja realizada de modo separado, os credores e o juiz trabalharão de forma conjunta na análise dos requisitos subjetivo e objetivo quando do deferimento da recuperação e da aprovação do plano.

O segundo requisito, **objetivo**, é aquele elencado pelo legislador, previsto no art. 48 da LFR, fragmentado em várias condições a serem preenchidas, de modo objetivo. Vejamos, uma a uma, essas condições.

A primeira condição objetiva é a possibilidade de requerer recuperação judicial o devedor que, no momento do pedido, exerça regularmente suas atividades. Quis o legislador, aqui, evitar que atividades ditas *irregulares* pudessem requerer recuperação. Uma atividade pode ser considerada irregular quando não registrados seus atos constitutivos no órgão registrário competente antes do início de suas atividades (art. 967, Código Civil) (Brasil, 2002), não contando, em regra, nem mesmo com personalidade jurídica, que só será considerada quando do registro do ato constitutivo, a teor do art. 45 do Código Civil – Lei n. 10.406, de 10 de janeiro de 2002[2].

A teleologia dessa condição reside na seguinte lógica: atividade empresarial irregular significa atividade desenvolvida à margem do que determina a Lei. Desse modo, sendo a recuperação um meio "dentro da lei", não é possível a combinação dessas duas realidades. E, se aprofundarmos mais, é derivação do princípio do *venire contra factum proprium* – vale dizer, ninguém

---

2 "Art. 45. Começa a existência legal das pessoas jurídicas de direito privado com a inscrição do ato constitutivo no respectivo registro, precedida, quando necessário, de autorização ou aprovação do Poder Executivo, averbando-se no registro todas as alterações por que passar o ato constitutivo" (Brasil, 2002).

pode ter comportamento contraditório de estar em atividade irregular e buscar a recuperação judicial dentro da lei.

A segunda condição é temporal e conectada à situação de regularidade do empresário que quer se recuperar. Os riscos inerentes à própria atividade empresarial não podem ser socializados com os credores antes de passados dois anos, pois isso significaria carga excessiva aos credores para atividades empresariais alheias.

Em se tratando de atividade rural, houve uma mudança advinda da Lei n. 14.112/2020 com relação à comprovação do prazo de dois anos, separando a atividade rural exercida por pessoa física e pessoa jurídica.

No caso de exercício de atividade rural por pessoa jurídica, admite-se a comprovação do prazo de dois anos, por meio da escrituração contábil fiscal (ECF) ou de obrigação legal de registros contábeis que venha a substituir a ECF, entregue tempestivamente.

No caso de pessoa natural, exercente de atividade rural, para a comprovação do prazo de dois anos, o cálculo do período de exercício de atividade rural é efetuado com base no Livro Caixa Digital do Produtor Rural (LCDPR), ou por meio de obrigação legal de registros contábeis que venha a substituir o LCDPR, bem como com base na Declaração do Imposto sobre a Renda da Pessoa Física (DIRPF) e no balanço patrimonial, todos entregues tempestivamente. Com relação ao cômputo desses prazos, de acordo com o parágrafo 4º do art. 48 da LFR, admite-se a entrega do livro-caixa utilizado para a elaboração da Declaração de Imposto de Renda de Pessoa Física (DIRPF).

Outra inovação da Lei n. 14.112/2020, que visa facilitar ao produtor rural o acesso ao sistema recuperacional, consta no parágrafo 5º do art. 48 da LFR, que prevê que as informações contábeis relativas a receitas, a bens, a despesas, a custos e a dívidas devem estar organizadas de acordo com a legislação e com o padrão contábil da legislação correlata vigente, bem como devem observar regime de competência e de elaboração de balanço patrimonial por contador habilitado.

A terceira condição, também de cunho objetivo, reside na impossibilidade de deferir recuperação aos falidos, pois ao devedor impõem-se as circunstâncias de que não seja falido e, se o for, que estejam declaradas extintas, por sentença transitada em julgado, as responsabilidades daí decorrentes. Ser falido significa que a atividade empresarial que tal sujeito desempenhava teve insucesso e que suas obrigações não foram cumpridas. Somente se extintas as obrigações originárias daquele que já foi falido é que será permitido a ele requerer-se recuperação.

Por sua vez, a quarta condição, vista aqui de modo objetivo, diz respeito à verificação se já houve obtenção de outra recuperação judicial há menos de cinco anos. Nesse caso, o legislador quis evitar a banalização do instituto da recuperação judicial como meio costumeiro de saldar dívidas, colocando, para isso, um requisito objetivo temporal e a não oneração excessiva dos credores parceiros daquela atividade empresarial que se quer recuperar.

A quinta condição objetiva é uma forma de atender ao comando constitucional previsto no art. 170, inciso IX, da Constituição Federal de 1988: dar tratamento favorecido para as empresas de pequeno porte que sejam constituídas sob as leis brasileiras e que tenham sede e administração no Brasil. Assim, em se tratando de empresas dessa natureza, é possível optar pela via da recuperação judicial com base no plano especial, desde que não haja pedido idêntico há menos de cinco anos. Ressaltamos que houve uma mudança nesse prazo pela Lei Complementar n. 147, de 7 de agosto de 2014, que o reduziu de oito anos para os atuais cinco anos, justamente por entender o legislador infraconstitucional que isso era mais apropriado para as microempresas e pequenas empresas (Brasil, 2014b).

Uma circunstância incompatível com recuperação judicial é a situação prevista no inciso IV do art. 48 da LFR como sexta condição objetiva para o deferimento da recuperação judicial. O cometimento de crime falimentar pelo devedor, na qualidade de administrador ou como sócio controlador e, ainda, havendo condenação, impede, objetivamente, que a recuperação seja deferida, pois a ideia é evitar que se abram novos focos de eventuais cometimentos de crime.

Prevê também a legislação falimentar que a recuperação judicial pode ser requerida, além de pelo próprio devedor, por seu cônjuge sobrevivente, por seus herdeiros, pelo inventariante ou por sócio remanescente, a teor do parágrafo 1º do art. 48 da

LFR. Esse rol de legitimados se justifica ante os interesses revelados em virtude de sua conexão com a atividade empresarial.

Uma condição que não se encaixa nos requisitos **subjetivo** e **objetivo** aqui expostos é a prevista no art. 48-A da LFR, incluído pela Lei n. 14.112/2020. A questão trata de recuperação judicial de companhia aberta, ou seja, sociedades anônimas abertas são aquelas que, de acordo com o art. 4º da Lei n. 6.404, de 15 de dezembro de 1976, admitem negociação no mercado de valores mobiliários. Desse modo, essa condição se impõe tão somente para sociedades anônimas de capital aberto, que se obrigará, se quiser requerer recuperação judicial, à formação e ao funcionamento do conselho fiscal, nos termos da Lei n. 6.404/1976. Quis o legislador, em razão da relevância da negociação no mercado de valores mobiliários, um controle maior dessa atividade.

Depois de identificados os sujeitos que podem requerer recuperação judicial – e extrajudicial e especial por extensão –, o próximo passo desta obra é identificar quais são os créditos que se sujeitam ao sistema de recuperação.

Nossa primeira constatação é quanto à possibilidade de incluir para ser recuperados todos os créditos existentes na data do pedido, mesmo aqueles que ainda não venceram. Embora tais créditos não vencidos não tenham a característica da exigibilidade, eles compõem a massa de débitos relevantes para o soerguimento da atividade empresarial. Dito de outro modo, apesar de não vencidos, a exigibilidade desses créditos é uma questão de tempo.

Registramos que o parágrafo 1º do art. 49 da LFR é expresso ao prevenir a manutenção de direitos correlatos aos créditos originários, pois prescreve que os credores do devedor em recuperação judicial conservam seus direitos e privilégios contra os coobrigados, fiadores e obrigados de regresso.

Essa norma tem por escopo incentivar o credor à aquiescência do plano de recuperação judicial, sem o temor de que as garantias originárias outorgadas ao seu crédito sejam retiradas pelo devedor quando da elaboração de seu projeto de soerguimento. Dessa forma, podem aprovar o plano de modo seguro com relação aos acessórios garantidores de seu crédito.

Tendo como marco temporal a recuperação judicial, é preciso alertar que o legislador entendeu que as obrigações constituídas antes da recuperação judicial devem observar as condições originalmente contratadas ou definidas em lei, inclusive no que diz respeito aos encargos, salvo se de modo diverso ficar estabelecido no plano de recuperação judicial. Essa modulação das condições, originalmente contratadas ou definidas em lei, é o grande objeto do plano de recuperação judicial, pois, somente se previstas por ele, é que serão mudadas as condições das obrigações anteriores à recuperação judicial.

Por força do art. 57[3] da LFR, o devedor precisa apresentar certidão negativa de débito tributário, após a juntada aos autos,

---

3 "Art. 57. Após a juntada aos autos do plano aprovado pela assembleia-geral de credores ou decorrido o prazo previsto no art. 55 desta Lei sem objeção de credores, o devedor apresentará certidões negativas de débitos tributários nos termos dos arts. 151, 205, 206 da Lei n. 5.172, de 25 de outubro de 1966 – Código Tributário Nacional" (Brasil, 2005).

do plano aprovado ou sem objeções de credores. Isso revela que o legislador deixa créditos tributários de fora de abrangência da recuperação judicial. A questão que surge se resume a entender as razões pelas quais o legislador não permitiu a recuperação de relevante parcela da dívida que poderia contribuir para o soerguimento.

Um dos motivos é decorrente de sua natureza tributária caracterizada como de bem público indisponível, ou seja, não está à disposição da Fazenda Pública, pois seu titular é o cidadão. Outra possível razão é que o tributo é obrigação *ex lege* e, nessa condição, não é possível colher manifestação da vontade em aderir a plano de recuperação.

Não é demais lembrar que créditos tributários podem ser parcelados diretamente com a Fazenda, de modo a suspender-se a exigibilidade do crédito tributário, a teor do art. 151, inciso VI, do Código Tributário Nacional (CTN) – Lei n. 5.172, de 25 de outubro de 1966 (Brasil, 1966) –, bem como do art. 68 da LFR. Esse parcelamento dá à empresa direito à emissão de uma certidão positiva com efeitos de negativa, de acordo com o que prescreve o art. 206 do CTN[4].

Também fora de abrangência são os credores titulares da posição de proprietário fiduciário de bens móveis ou imóveis, de arrendador mercantil, de proprietário ou promitente vendedor de imóvel cujos respectivos contratos contenham cláusula

---

4 "Art. 206. Tem os mesmos efeitos previstos no artigo anterior a certidão de que conste a existência de créditos não vencidos, em curso de cobrança executiva em que tenha sido efetivada a penhora, ou cuja exigibilidade esteja suspensa" (Brasil, 1966).

de irrevogabilidade ou irretratabilidade, inclusive em incorporações imobiliárias, ou de proprietário em contrato de venda com reserva de domínio. Essa não abrangência é coerente com a natureza jurídica desses créditos, pois, na proteção destes, o acesso ao crédito fica mais facilitado e garantido na eventualidade de uma recuperação judicial.

Os terceiros créditos fora de abrangência são os provenientes da importância entregue ao devedor, em moeda corrente nacional, decorrente de adiantamento a contrato de câmbio para exportação, conforme preleciona o parágrafo 4º do art. 49 da LFR. O credor que adiantou contrato de câmbio para exportação não pode ser surpreendido com pedido para recuperação judicial, tendo em vista a insegurança jurídica que isso lhe acarretaria.

Ainda se tratando de crédito garantido por penhor sobre títulos de crédito, direitos creditórios, aplicações financeiras ou valores mobiliários, podem ser substituídas ou renovadas as garantias liquidadas ou vencidas durante a recuperação judicial, e, enquanto não renovadas ou substituídas, o valor eventualmente recebido em pagamento das garantias permanece em conta vinculada durante o período de suspensão do prazo prescricional em relação ao deferimento do processamento da recuperação judicial.

O cuidado do legislador se justifica na previsão de redução de risco para a outorga de crédito nas modalidades previstas no parágrafo anterior. Nesse sentido, quis o legislador incentivar credores dessa natureza a reduzir seus encargos para que tivessem impacto na economia e barateassem seus custos.

Com a edição da Lei n. 14.112/2020, houve uma modificação no tratamento de determinados créditos das empresas recuperandas. Essa *novel* legislação, que tem como característica precípua a ampliação das prerrogativas e privilégios da Fazenda Pública, bem como de outros créditos impactantes na economia, mantém-se quando disciplina os créditos a serem recuperados judicialmente, fiel a esse espírito, conforme veremos na análise a seguir.

Um importante aumento de abrangência ocorreu com relação ao produtor rural, que ganhou destaque com a nova legislação. Desse modo, o legislador criou uma regra específica para as hipóteses de que tratam os parágrafos 2º e 3º do art. 48 da LFR, quais sejam, de que só pode haver recuperação desses créditos eles se decorrerem, exclusivamente, da atividade rural e, ainda, se estiverem discriminados nos documentos a que se referem, mesmo que não vencidos. O legislador identificou que é possível que o produtor rural tenha dívidas não relacionadas, exclusivamente, à sua atividade, razão pela qual tratou de limitar sua abrangência.

A Lei n. 4.829, de 5 de novembro de 1965, institucionaliza o crédito rural (Brasil, 1965). Ela considera "crédito rural", a teor de seu art. 2º, o suprimento de recursos financeiros por entidades públicas e estabelecimentos de crédito particulares a produtores rurais ou a suas cooperativas para aplicação exclusiva em atividades que se enquadrem nos objetivos indicados na legislação em vigor.

Portanto, o crédito rural tem importante destaque no fomento da atividade rural brasileira e merece, por essa razão, proteção do legislador. A fonte de custeio do crédito rural é, basicamente, oriunda de recursos públicos, especialmente do **Fundo Nacional de Refinanciamento Rural, do Fundo Nacional de Reforma Agrária e do Fundo Agroindustrial de Reconversão.** Esses recursos são controlados, de acordo com o art. 7º da Lei n. 4.829/1965, às seguintes instituições: Banco Central, Banco do Brasil, Banco da Amazônia e Banco do Nordeste do Brasil.

Esses créditos não se sujeitam aos efeitos da recuperação judicial, de acordo com a inclusão do parágrafo 7º ao art. 49 da LFR pela Lei n. 14.112/2020, cuja redação é a seguinte: "Não se sujeitarão aos efeitos da recuperação judicial os recursos controlados e abrangidos nos termos dos arts. 14 e 21 da Lei n. 4.829, de 5 de novembro de 1965" (Brasil, 2020).

Entretanto, apesar dessa vedação, há uma válvula de escape para créditos dessa natureza, pois o legislador da Lei n. 14.112/2020 entendeu que é possível sujeitar à recuperação judicial os créditos rurais que não tenham sido objeto de renegociação entre o devedor e a instituição financeira antes do pedido de recuperação judicial, na forma de ato do Poder Executivo. Vale dizer: os créditos rurais não renegociados antes do pedido de recuperação judicial podem ser objeto do plano de recuperação judicial.

Por fim, de acordo com a nova sistemática, há a previsão dos créditos referidos no parágrafo 9º do art. 49 da LFR, o qual aduz que não se enquadram nos créditos abrangidos aqueles relativos à dívida constituída nos três últimos anos anteriores ao pedido de recuperação judicial, que tenham sido contraídos com a finalidade de aquisição de propriedades rurais, bem como as respectivas garantias. Trata-se de mais uma proteção para a atividade rural.

— 1.3 —
Diferenças e semelhanças entre recuperação e falência

No senso comum, há algumas confusões com relação ao momento de identificar a situação processual de uma empresa em processo de extinção, mediante falência ou de soerguimento, por meio das modalidades de recuperação. Também derivam do senso comum alguns "mitos" que envolvem os institutos da falência, da recuperação e, até mesmo, da concordata. Com intuito de dissipar esses mitos e essas confusões, abordaremos, a seguir, algumas diferenças e semelhanças entre tais institutos que causam essas impropriedades.

Em primeiro lugar, consignamos expressamente que *falência* significa "encerramento da atividade empresarial". Uma vez decretada sua quebra, por meio de uma sentença transitada em julgado, inicia-se a liquidação da empresa – com o levantamento e a venda de seus bens –, desenvolve-se o processo com o pagamento dos credores na medida das forças da falida, encerra-se com a atribuição de responsabilidade do saldo ao falido e a extinção da atividade empresarial. Esses são os procedimentos para a extinção da empresa falida: embora existam empresas que continuem a produzir temporariamente, sob a autorização e supervisão do juiz, seu destino sempre será a extinção.

Essa continuidade da atividade empresarial, mesmo após a decretação de falência, pode ensejar confusão, uma vez que parece que se está tentando soerguer a empresa. No entanto, apesar da continuidade – que provavelmente ocorreu para evitar maiores prejuízos aos credores –, a empresa, com a decretação de falência, já teve consolidada sua situação de insolvabilidade. Na recuperação, a viabilidade econômico-financeira será retomada. Na falência, a situação de insolvabilidade já revela sua inviabilidade econômico-financeira.

Outra situação que pode levar à confusão reside na crença de que é preciso tentar recuperar a empresa antes de sua decretação de falência. No entanto, são institutos que têm naturezas jurídicas distintas. Essa confusão surge porque uma das hipóteses de resposta do devedor ao pedido de falência de um credor reside, justamente, em um pedido de recuperação judicial. Se deferido, iniciam-se as fases da recuperação, as quais, em não sendo cumpridas, ocasionam a chamada *convolação em falência*, situação que deixa parecer que primeiro tenta-se recuperar, para, no insucesso, falir.

Com essas pequenas observações, já podemos perceber que os institutos têm natureza jurídica distintas. A natureza jurídica da falência é um instrumento de proteção dos credores, em que se busca o menor impacto econômico na vida destes.

Na recuperação, sua natureza jurídica é instrumento de proteção da própria atividade empresarial, que significa geração de emprego e tributos, bem como circulação de riquezas.

Outra situação que merece destaque tem relação com o efeito da falência e da recuperação. Na falência, o efeito principal e desejado pelo legislador é a retirada do mercado de empresa sem viabilidade econômico-financeira, pois isso pode significar desequilíbrio no mercado em que a empresa considerada atua. A recuperação tem como efeito, justamente, o contrário. A empresa recuperanda será mantida nesse mercado, uma vez que há interesse na manutenção dela em razão dos benefícios que sua atividade empresarial viável traz para a sociedade. Essas são pequenas razões para que os institutos não se confundam.

O senso comum construiu o "mito" de que a recuperação judicial é reprodução da concordata. A concordata é instituto existente no Decreto-Lei n. 7.661/1945 e existia para evitar a falência, abrangendo tão somente credores quirografários. A recuperação judicial é bem mais ampla, pois engloba vários outros tipos de crédito e funciona no intuito de se outorgar viabilidade econômico-financeira de maneira mais democrática – colhendo-se a aquiescência dos credores – e mais impactante na atividade empresarial.

Como semelhanças entre os institutos aqui discutidos, podemos apontar algumas jurídicas e outras econômicas.

A semelhanças jurídicas estão reunidas no processamento. O juiz competente para o julgamento tanto da recuperação quanto da falência é o do principal estabelecimento, não havendo divisões em razão do juízo universal da falência. Também haverá nomeação de um administrador judicial, que, embora tenha funções diversas nos dois institutos, tem funções semelhantes na recuperação e na falência. Ainda podemos citar a realização de assembleias para deliberação de assuntos pertinentes a ambos os institutos.

A semelhança econômica diz respeito ao fato de que ambas existem para a proteção do mercado. A falência retira do mercado empresa sem viabilidade, e a recuperação mantém empresa que se soergueu.

— 1.4 —
Caminhos da economia na preservação das empresas

A sociedade moderna desenvolve-se pelas interações sociais entre seus atores. Nesse desenvolvimento, incluem-se vários setores da economia e vários interesses. De um lado, há o Estado como congregador dos interesses públicos e, de outro, há a sociedade civil, que aglutina os interesses privados.

Nesse cenário, surgem os mais diversos conflitos entre os interesses elencados. Há uma tensão existente nessa relação. O Estado atua como disciplinador, por meio do ordenamento jurídico posto, e a sociedade civil sujeita-se à soberania estatal. Encontram-se nessa tensão os interesses do Estado nas atividades da sociedade civil, como a identificação de suportes econômicos para a cobrança de tributos que têm como finalidade a satisfação das necessidades públicas. Por seu lado, a sociedade civil busca satisfazer as próprias necessidades públicas mediante a atividade estatal.

Para os limites deste livro, essa conjugação de interesses será analisada sob a perspectiva da atividade empresarial, pois, se ampliarmos nosso âmbito de atenção, não manteremos o foco do estudo aqui proposto.

A participação do Estado é fundamental no fomento e no incentivo das atividades empresariais desenvolvidas pela sociedade civil. Seu poder de intervir na economia é absolutamente importante para a manutenção de um mercado sadio e competitivo, o que redunda em maior acesso da população a mercadorias e a serviços com preços mais acessíveis.

O Estado, então, intervém na economia de modo **direto** com a participação das empresas públicas e sociedades de economia mista em setores estratégicos. Sua participação torna-se fundamental para a criação de um ambiente de competição entre as empresas cujo objetivo é a exploração daquele mercado considerado por meio da política de preços das estatais. A ideia é manter o equilíbrio daquele setor da economia.

Outro modo de intervenção na economia é o **indireto**. O Estado utiliza do próprio poder regulatório mediante as agências reguladoras e a chamada *extrafiscalidade*.

O **poder regulatório** deriva do poder de polícia do Estado e pode ser entendido como a atividade da Administração Pública que, limitando ou disciplinando direito, interesse ou liberdade, regula a prática de ato ou a abstenção de fato, em razão de interesse público concernente à segurança, à higiene, à ordem, aos costumes, à disciplina da produção e do mercado, ao exercício de atividades econômicas dependentes de concessão ou autorização do Poder Público, à tranquilidade pública ou ao respeito à propriedade e aos direitos individuais ou coletivos, de acordo com o art. 78 do CTN.

A regulação da atividade empresarial ganhou novo desenho com a Lei da Liberdade Econômica (Lei n. 13.874, de 20 de setembro de 2019), pois estabelece normas de proteção à livre-iniciativa e ao livre exercício da atividade econômica (Brasil, 2019). Tem como princípios (a) a liberdade como garantia no exercício de atividades econômicas; (b) a boa-fé do particular perante o Poder Público; (c) a intervenção subsidiária e excepcional do Estado sobre o exercício de atividades econômicas; e (d) o reconhecimento da vulnerabilidade do particular perante o Estado.

Uma das mudanças trazidas por essa lei reside na chamada *análise de impacto regulatório*, pois as propostas de edição e de alteração de atos normativos de interesse geral de agentes econômicos ou de usuários de serviços prestados devem ser precedidas da realização de tal análise. Essa necessidade reside na verificação da razoabilidade do impacto econômico na atividade regulatória.

O que a lei quis modificar é a forma como o mercado se relaciona com o Estado. O poder regulatório acabava por, em alguns casos, engessar algumas atividades econômico-empresariais que não conseguiam se desenvolver de maneira plena. A lei, então, cria um ambiente de maior "liberdade econômica", deixando que o mercado faça uma espécie de autorregulamentação, mantendo ao Estado a regulamentação de direitos difusos e mais gerais.

Por sua vez, a **extrafiscalidade** é a utilização do sistema tributário para intervir no mercado, reduzindo ou ampliando a carga tributária de determinados setores da economia, com intuito de equilibrar esse mesmo mercado. É o caso, por exemplo, da redução do imposto sobre produtos industrializados, incidentes na indústria automobilística, e do aumento do imposto de exportação para produtos estrangeiros que concorrem com a indústria nacional, com o claro objetivo de proteger o mercado nacional.

É preciso deixar registrado que a almejada "liberdade econômica" deve traduzir-se como uma garantia no exercício das atividades econômicas, relegando ao Estado um papel secundário na intervenção e conferindo maiores responsabilidades para a sociedade civil por meio da atividade empresarial desenvolvida, sempre tendo como norte a boa-fé perante o Poder Público como esteio de um relacionamento saudável entre sociedade civil e Estado. A nova forma de intervir deve ser sempre subsidiária e excepcional sobre o exercício de atividades econômicas, demonstrando, com isso, que o legislador deseja que o Estado solte a mão de seu filho empresário e o deixe caminhar com as próprias pernas, reconhecendo, porém, sua vulnerabilidade perante o Estado.

Com isso, podemos afirmar que a intervenção do Estado, de maneira direta, em uma empresa específica, ocorre conforme a Lei n. 11.101/2005, na configuração das recuperações judicial e extrajudicial, especialmente quando da elaboração do plano de recuperação judicial ou extrajudicial, em que atua de forma subsidiária e excepcional.

Entendemos, porém, que há ambiente para mais que isso. O Estado ainda pode contribuir para o soerguimento de uma atividade empresarial de modo mais incisivo e significativo. É de notória sabença que a carga tributária ganha especial relevo em qualquer atividade empresarial desenvolvida. É credor perene de qualquer empresário.

No entanto, essa participação estatal na recuperação resume-se apenas a permitir eventuais parcelamentos de créditos tributários, situação que já era possível administrativamente. Perde-se uma oportunidade de avançar na contribuição do Estado às entranhas de uma sociedade e ao impacto financeiro na atividade tributária. Poderia o legislador criar mecanismos de suspensão, exclusão e, até mesmo, de extinção de créditos tributários com a finalidade de manter viva a atividade empresarial.

Nesse cenário, todos ganham com a manutenção de uma atividade empresarial que, nos termos de hoje, depende da aquiescência e da solidariedade dos credores, fundamentais para a recuperação da empresa. Essa responsabilidade também deveria ser dividida com o Estado em seu papel de credor tributário, na lógica da proteção dos interesses coletivos, no entanto.

Capítulo 2

*Pressupostos processuais
e materiais para a recuperação*

Em um primeiro olhar, a recuperação pode parecer uma grande "tábua de salvação" para empresas em dificuldade, pois, com os efeitos dela e as possibilidades de retomada das atividades empresariais sem o "fantasma" da falência, ela traz um brilho que encanta a quem de soslaio passa o olho.

Entretanto, esse brilho pode ofuscar olhos mais sensíveis. O instituto da recuperação tem, sim, vários encantos que podem seduzir com sua fundamentação no princípio da preservação da empresa. Nada obstante isso, essa não é uma via aberta para qualquer empresa adentrar. É preciso que essa empresa reúna determinadas qualidades para poder beneficiar-se desses encantos. É bom ressaltar que o instituto da recuperação tem, como a maioria dos organismos jurídicos, ônus e bônus que precisam ser sopesados para a tomada da decisão de se embrenhar nessa jornada.

Diante de tal contexto, trataremos, neste capítulo, dos pressupostos materiais e processuais que possibilitam que a escolha desse caminho seja a mais racional possível. Para isso, vamos analisar a seguir a legitimidade para a recuperação, destacando quem pode requerer recuperação; o processamento da recuperação com as peculiaridades que a LFR determina (deixando registrado que há capítulo específico nesta obra sobre as fases da recuperação); o plano de recuperação e suas possibilidades e limites; e os desdobramentos acerca da assembleia geral de credores com a análise de seu conteúdo e a formação do comitê de credores. Ao final deste capítulo, discutiremos o quórum de aprovação das deliberações da assembleia geral.

— 2.1 —
Legitimidade para a recuperação

A busca da legitimidade para a recuperação deriva da circunstância de que o agente deve demonstrar que há uma conexão do direito invocado em juízo com um liame subjetivo em sua esfera pessoal, tanto de pessoa física quanto de pessoa jurídica.

É a lógica do processo judicial ordinário, no qual ninguém poderá pleitear direito alheio, em nome próprio, salvo as exceções legais. Quer isso dizer que a primeira análise da legitimidade para o requerimento de recuperação judicial reside no atendimento ao que prescreve o art. 1º da Lei n. 11.101, de 9 de fevereiro de 2005 – Lei de Falência e Recuperações (LFR) –, quando prevê que tal diploma legal disciplina a recuperação judicial, a recuperação extrajudicial e a falência do **empresário** e da **sociedade empresária**.

Assim, a primeira análise a ser realizada na busca da legitimidade é se aquela atividade econômica organizada é uma atividade empresarial. Desse modo, é necessária a configuração da atividade em análise como empresária: considera-se *empresária* a sociedade que tem por objeto o exercício de atividade própria de empresário sujeito a registro e, simples, as demais, consoante a inteligência do art. 982 do Código Civil – Lei n. 10.406, de 10 de janeiro de 2002 (Brasil, 2002).

Em se tratando de atividade econômica "simples", a recuperação não é uma via possível, já que as atividades simples, embora também econômicas, contêm outra natureza jurídica, cujo objeto não se conecta com eventual recuperação. Isso ocorre porque, geralmente, atividades simples desenvolvem-se com prestação de serviços intelectuais, científicos e literários que não demandam grandes estruturas para o desenvolvimento e, portanto, têm endividamento menor para a prestação dos serviços.

É salutar ressaltar que, para configurar uma atividade empresária, é preciso que, em seus quadros constitutivos, tenha a presença obrigatória de um **empresário**, que é aquele que exerce profissionalmente atividade econômica organizada para a produção ou a circulação de bens ou de serviço e não se trata de atividade intelectual, científica, literária ou artística.

Superada a questão acerca da condição de **empresário**, temos a análise das imunidades com relação à recuperação. Existem situações elencadas pela LFR que isentam algumas atividades, ainda que empresariais, da incidência da lei.

As empresas públicas e sociedades de economia mista estão nesse rol, em razão de que sua natureza jurídica é determinada pelo fato de serem criadas por lei e constituídas por capital público e, assim, não é possível recuperar tampouco falir atividades dessa natureza, pois são criadas por lei e somente por lei podem ser extintas (Guieseler Junior, 2021).

Também estão nesse rol as instituições financeiras, públicas ou privadas, cooperativas de crédito, consórcios, entidades de previdência complementar, sociedades operadoras de planos de assistência à saúde, sociedades seguradoras, sociedades de capitalização. Todas essas atividades não se conectam com a hipótese de soerguimento porque devem, necessariamente, passar por um procedimento de liquidação antes de qualquer extinção.

Outra circunstância a identificar a legitimidade para o requerimento de recuperação judicial é a qualidade de **devedor**, pois o legislador deixou expresso no *caput* do art. 48 da LFR que pode requerer recuperação judicial o **devedor** que preencha as condições. Portanto, nenhum credor pode requerer recuperação judicial de seu devedor.

Além da expressão contida que exige a qualidade de devedor como condição de legitimidade para recuperação, também é preciso que esse devedor reúna, no momento do pedido, o exercício regular de suas atividades há mais de dois anos. O que o legislador colocou como requisito objetivo para o requerimento de falência é o decurso de prazo aqui referido como uma forma de evitar que sejam socializados os riscos inerentes presentes no início da atividade empresarial com os credores. Esses riscos devem ser suportados pelo devedor para evitar banalização da recuperação judicial. Também, além desse prazo, para a possibilidade de soerguimento, é necessário que se trate de uma atividade regular, ou seja, que a atividade esteja devidamente inscrita nos órgãos registrais antes de seu início, a teor do art. 967 do Código Civil.

Somado a essa exigência, há o requisito da circunstância de o devedor não ser falido e, se o tenha sido, estejam declaradas extintas, por sentença transitada em julgado, as responsabilidades daí decorrentes. A proibição reside no fato de que o devedor já demonstra uma incapacidade de ser empresário em razão da falência anterior e deve dirigir suas forças na extinção das obrigações daquela falência que o impede de pedir recuperação. Outra circunstância que lhe retira a legitimidade é a obtenção de concessão de recuperação judicial, bem como concessão de recuperação judicial com base no plano especial, há menos de cinco anos. Mais uma vez o legislador quis evitar a trivialização do instituto de recuperação e também segurar ímpetos de empresários de mau espírito. Por fim, há a circunstância de não ter sido condenado ou não ter, como administrador ou sócio controlador, pessoa condenada por qualquer dos crimes previstos na LFR, em um contexto em que tal proibição se situa no fundamento de que aquele que comete crime falimentar é alguém que não pode ser mantido no mercado, não em razão de sua personalidade voltada para o crime (vale dizer que não queremos realizar nenhum juízo de valor lombrosiano aqui), mas em virtude da possibilidade da proteção que o legislador quer manter no mercado com empresários que não foram condenados.

Ainda, a Lei n. 12.873, de 24 de outubro de 2013, renumerou o parágrafo único do art. 48 da LFR, que ficou com a seguinte redação: "§ 1º A recuperação judicial também poderá ser requerida pelo cônjuge sobrevivente, herdeiros do devedor, inventariante ou sócio remanescente" (Brasil, 2013). Assim, também é possível que essas pessoas aqui referidas, em razão da reconhecida legitimidade, requeiram recuperação de empresas que tenham essa conexão.

É salutar referir que houve um aclaramento da legitimação do produtor rural pela Lei n. 14.112, de 24 de dezembro de 2020, pois o legislador criou uma regra específica para as hipóteses de que tratam os parágrafos 2º e 3º do art. 48 da LFR, qual seja, de que só pode haver recuperação desses créditos se eles decorrem, exclusivamente, da atividade rural e, ainda, estejam discriminados nos documentos a que se referem, ainda que não vencidos (Brasil, 2020).

Aliás, é importante destacar ainda a previsão do art. 48-A da LFR, incluído pela Lei n. 14.112/2020, que trata de recuperação judicial de companhia aberta, as conhecidas *sociedades anônimas (SAs) abertas*, que, de acordo com o art. 4º da Lei 6.404, de 15 de dezembro de 1976[1], admitem negociação no mercado de valores mobiliários. Essa condição de negociação limita-se

---

1 "Art. 4º Para os efeitos desta Lei, a companhia é aberta ou fechada conforme os valores mobiliários de sua emissão estejam ou não admitidos à negociação no mercado de valores mobiliários". (Redação dada pela Lei n. 10.303, de 2001)

tão somente às sociedades anônimas de capital aberto, que se obrigará, se quiser requerer recuperação judicial, à formação e ao funcionamento do conselho fiscal, nos termos da Lei n. 6.404/1976. Essa é uma legitimidade muito específica, mas absolutamente relevante para a manutenção da higidez do mercado de capitais que exerce relevante função social na negociação de valores mobiliários e a circulação de riquezas das SAs

— 2.1.1 —
Consolidação processual e substancial

O legislador na reestruturação promovida pela Lei n. 14.112/2020 identificou como importante e atual disciplinar a recuperação judicial dos chamados *grupos econômicos*, que, de acordo com a dicção do art. 2º, parágrafos 2º e 3º da Consolidação das Leis do Trabalho (CLT), considerar-se-ão grupo econômico sempre que uma ou mais empresas, tendo, embora, cada uma delas, personalidade jurídica própria, estiverem sob direção, controle ou administração de outra, ou ainda quando, mesmo guardando cada uma sua autonomia, forem necessárias, para a configuração do **grupo econômico**, a demonstração do interesse integrado, a efetiva comunhão de interesses e a atuação conjunta das empresas dele integrantes (Brasil, 1943; 2020). Consignamos que não configura grupo econômico a mera identidade de sócios.

Assim, uma vez presente grupo econômico em situação de crise econômico-financeira, e para evitar obstáculos processuais de difícil resolução em que várias empresas de um mesmo grupo devam recuperar-se, surge a **consolidação processual**, que é a reunião, em um único processo de recuperação, de várias empresas que dividirão o mesmo juízo competente, o mesmo administrador judicial, porém, com a separação individualizada de seus credores e de seu plano de recuperação judicial (ainda que admitida a apresentação de plano único), de acordo com a sessão IV-B da LFR.

Por outro lado, pode haver a **consolidação substancial**, que é a situação, derivada da consolidação processual, de interconexão e confusão entre ativos e/ou passivos dos devedores em grupo, de modo a dificultar a identificação de sua titularidade sem que se tenha dispêndio excessivo de tempo e de recursos para tanto. Mas é preciso que se cumulem, pelo menos, duas das seguintes hipóteses:

a. existência de garantias cruzadas;
b. relação de controle ou de dependência;
c. identidade total ou parcial do quadro societário;
d. atuação conjunta no mercado entre os postulantes.

Ocorrida a consolidação substancial, ativos e passivos serão tratados como se pertencessem a um único devedor e terão de apresentar um plano unitário de recuperação, na tentativa de soerguimento do grupo econômico, e, caso rejeitado, haverá convolação em falência.

— 2.2 —
Processamento da recuperação

Sob uma perspectiva macro acerca do instituto da recuperação, é preciso atentar às modalidades desta, pois elas mudam de conteúdo e processamento em razão de suas espécies. Tanto a recuperação **judicial** quanto a recuperação **extrajudicial** têm processamentos diversos entre suas divisões.

A recuperação judicial divide-se em regimes **geral** e **especial** de soerguimento. O critério de separação de ambos é a presença de microempresas e empresas de pequeno porte no regime especial e das demais no regime geral. Assim, há pequenas nuances de procedimento que diferem um do outro, mas a essência de cada um é revelada em capítulos específicos desta obra.

Outra advertência importante é o procedimento da recuperação extrajudicial, que se divide em **individual** e **coletiva**. Não se trata exatamente de um procedimento judicial específico, pois na extrajudicial os procedimentos – também abordados em capítulo próprio – são disciplinados em momentos distintos a serem observados pelo devedor. No primeiro deles, na chamada "fase" extrajudicial, o devedor colhe a aquiescência dos credores na aprovação do plano apresentado quando individual; e, na "fase" judicial, isso é realizado quando os procedimentos conduzem ao soerguimento da atividade empresarial. Tais situações serão detalhadas nos próximos capítulos.

Desse modo, tratamos, aqui, sob uma ótica geral, da constatação de que esse processamento modula-se de acordo com cada espécie de recuperação e, com relação à recuperação no regime geral, esta será objeto de detalhamento quando da análise das fases da recuperação judicial e das hipóteses de convolação em falência – vale dizer, na fase **postulatória**, as especificidades procedimentais; na fase **deliberatória**, o processamento que visa às deliberações sobre plano de recuperação, entre outros; e na fase **executória**, a satisfação dos credores que ao plano aquiesceram.

— 2.3 —
Plano de recuperação judicial

De acordo com a dicção do art. 47 da LFR, a recuperação tem por objetivo viabilizar a superação da situação de crise econômico-financeira do devedor a fim de permitir a manutenção da fonte produtora, do emprego dos trabalhadores e dos interesses dos credores, promovendo, assim, a preservação da empresa, sua função social e o estímulo à atividade econômica. Nesse ponto, a intenção do legislador foi a de criar mecanismos para que seja superada a situação de crise da atividade desenvolvida, em razão dos valores econômicos e sociais aqui protegidos.

Um desses mecanismos identifica-se no chamado *plano de recuperação judicial*, servindo como um instrumento apto para projetar condições, alterações, situações jurídicas e econômicas, na busca da retomada da fonte produtora de riquezas, geradora de emprego e de tributos. Esse instrumento, que podemos identificar como um "projeto" de soerguimento, é essencial para o sucesso dessa empreitada.

Não é uma conta simples de equalizar, pois é preciso levar em consideração que existem interesses individuais de cada credor – os quais devem ser padronizados no plano – e também interesses coletivos na manutenção da atividade empresarial.

Além disso, há o risco de convolação em falência se não vencidas as fases da recuperação que implicam um cuidado mais acurado quando da elaboração do plano de recuperação judicial. Dito de outro modo, o plano apresentado precisa ser aprovado e cumprido, sob pena de falência.

Com essas advertências iniciais, a questão que surge reside na resposta à seguinte pergunta: "O que deve conter o plano?". A resposta não é dada pelo legislador, mas a direção a ela é fornecida por ele quando, no art. 50 da LFR, diz que "constituem meios de recuperação judicial, a cada caso, dentre outros" (Brasil, 2005). Essa dicção demonstra que o legislador tomou o cuidado de sugerir as possibilidades para o soerguimento da atividade, porém sem lhe limitar o alcance quando transforma o art. 50 em rol exemplificativo com a expressão "dentre outros".

Com isso, há amplo espectro de abrangência de um plano de recuperação judicial, especificamente para que este possa amoldar-se à realidade vivida e presente nas entranhas de uma empresa.

O plano pode ser setorizado de acordo com alterações em camadas diferentes da atividade empresarial que se quer recuperar. Tais alterações podem ser caracterizadas como subjetivas, negociais e estruturais.

As alterações **subjetivas** referem-se à modificação de quem está no comando da empresa que se quer recuperar, pois, em razão da constatada situação de crise econômico-financeira do devedor, sua condução administrativa, especialmente com relação aos rumos para os quais a empresa se encaminha, pode ser alterada para mudar essa direção.

Albert Einstein diz que: "o mundo que criamos é um processo do nosso pensamento. Ele não pode ser mudado sem mudar o nosso pensamento" (citado por Nugent, 2016, p. 10). A condução de uma empresa em situação de crise precisa ser oxigenada com novos pensamentos, pois, se mantidos os mesmos, nada mudará, e a tendência é a caminhada até a extinção da empresa, com a falência.

O plano de recuperação judicial pode conter, então, uma eventual:

a. alteração do controle societário;
b. substituição total ou parcial dos administradores do devedor ou modificação de seus órgãos administrativos;
c. administração compartilhada.

São modalidades de mudança subjetiva da empresa recuperanda que podem significar a superação da situação de crise por meio, agora, de um novo comando, com novos pensamentos empresariais.

O plano ainda pode alterar questões **negociais** das relações econômicas do devedor, quando podem ocorrer determinadas propostas de reequilíbrio da inviabilidade financeira instaurada. Vale dizer que, com a redução da carga econômica do passivo da empresa, há uma possibilidade de retomar o ativo para a superação da condição de recuperanda.

A primeira possibilidade negocial reside na concessão de prazos e condições especiais para pagamento das obrigações vencidas ou vincendas. É o ponto nevrálgico do plano, pois afeta direitos creditórios de terceiros que, seguramente, têm uma expectativa de receber crédito no valor originalmente contratado. Entretanto, essa mudança, que pode significar redução de valores de face dos créditos, pode também significar a satisfação parcial desse crédito. Essa circunstância deve ser ponderada pelo credor no momento da aprovação do plano, pois é a lógica mais antiga do mercado: "melhor um pássaro na mão do que dois voando".

Um ponto delicado do plano de recuperação tem relação com os créditos de natureza trabalhista. É possível haver redução salarial, compensação de horários e redução da jornada mediante acordo ou convenção coletiva. O cuidado especial que o plano de recuperação deve conter com esse tipo de crédito é o que ele reverberará na consciência do trabalhador que continuará a desempenhar suas funções dentro da empresa. Nesse contexto, por exemplo, pode ocorrer o desestímulo daquele empregado que teve valor de créditos anteriores reduzidos, ainda que por convenção coletiva ou acordo.

Outras possibilidades negociais que podem ser previstas no plano de recuperação são a dação em pagamento, que ocorre quando o credor consente em receber prestação diversa da que lhe é devida, e a novação de dívidas do passivo, quando o devedor contrai com o credor nova dívida para extinguir e substituir a anterior, com ou sem constituição de garantia própria ou de terceiros. Como visto, são modalidades de extinção das obrigações originárias, não somente da forma como foram originadas ou em substituição destas. De qualquer modo, as obrigações originárias serão modificadas em sua essência.

Outra hipótese sugerida pela lei como passível de negociação é a equalização de encargos financeiros relativos a débitos de qualquer natureza. A ideia é renegociar o valor de face do débito com o credor para que sejam ajustadas as condições originariamente apresentadas, significando remissão de parte das dívidas que, geralmente, as empresas têm com instituições financeiras. Essa equalização é para a eventual redução de taxas de juros e outros consectários incidentes sobre a dívida originária, que, uma vez aprovados pelos credores, têm o efeito de extinguir a parte remida, de acordo com o art. 385 do Código Civil.

Importante é destacar que o termo inicial é contado da data da distribuição do pedido de recuperação judicial, aplicando-se inclusive aos contratos de crédito rural, sem prejuízo do disposto em legislação específica, deixando parecer que houve uma proteção disfarçada ao crédito dos bancos, pois o que conduz a empresa a um desequilíbrio financeiro não são as dívidas contraídas depois da distribuição do pedido de recuperação, mas sim as dívidas que pesam para o lado da inviabilidade financeira.

Registramos, por cabível, que não se desconhece a intenção do legislador em oportunizar maior segurança àqueles que oferecem crédito no mercado e que, em tese, deveriam reduzir a taxa de juros cobrada, pois uma comezinha regra de mercado é: "quanto menor [forem] o risco, menores [serão] os juros". Não é, exatamente, o que acontece no mercado brasileiro.

A última regra negocial refere-se à conversão de dívida em capital social. Isso funcionaria como uma espécie de aumento do capital social proporcional à dívida nominal de determinados credores, os quais, em troca daquela dívida originária, receberiam parcela do capital social daquela empresa recuperanda. É a atual mudança trazida pela Lei n. 14.112/2020. Esa conversão de dívida em capital social já era possível há muito tempo no meio empresarial, mas não como uma forma de soerguimento de empresa.

A principal vantagem desse tipo de negociação é que são socializados entre os sócios (devedores originários) e os novos sócios (credores que aceitaram a conversão) os ganhos e as perdas que advêm da recuperação judicial.

Não há sucessão ou responsabilidade por dívidas de qualquer natureza a terceiro credor, investidor ou novo administrador em decorrência, respectivamente, da mera conversão de dívida em capital, de aporte de novos recursos na devedora ou de substituição dos administradores desta.

Ainda, é possível que o plano de recuperação contenha mudanças **estruturais**, que podem significar uma nova direção no futuro da atividade empresarial que se quer recuperar. A primeira delas são hipóteses de modificação da organização da empresa com a prática de:

- **cisão**, que é a separação da empresa em outras duas;
- **incorporação**, que é a possibilidade de uma ou várias sociedades serem absorvidas por outra, que lhes sucede em todos os direitos e obrigações, devendo todas aprová-la na forma estabelecida para os respectivos tipos (art. 1.116, Código Civil);
- **fusão**, que ocasiona a extinção das sociedades que se unem para formar sociedade nova, que a elas sucederá nos direitos e nas obrigações (art. 1.119, Código Civil);
- **transformação**, situação que permite a mudança de um modelo societário por outro, por exemplo, uma sociedade de capitais transformada em uma sociedade limitada;
- **constituição de subsidiária integral**, que é uma forma de concentrar alguns atos para facilitar o cumprimento do plano de recuperação judicial apresentado. Essa subsidiária é uma decisão administrativa que trará maior segurança aos credores, justamente em virtude da responsabilidade subsidiária; entretanto, em razão de seus custos, somente em grandes empreendimentos há espaço para essa constituição;

- **cessão de cotas ou ações**, se respeitados os direitos dos sócios, que significa uma possibilidade de outorgar direitos creditórios a terceiros, que vão se tornar novos sócios ou investidores.

Outra situação que influencia a organização da empresa que se quer recuperar é a possibilidade de permitir deliberação sobre assuntos específicos para o soerguimento, especialmente no que se refere a eleger, em separado, administradores e, ainda, conceder poder de veto com relação às matérias que o plano especificar, no intuito de se socializar as decisões administrativas da empresa recuperanda.

Outra possibilidade que demonstra o compromisso dos sócios com a recuperação é o aumento de capital social. Uma vez que o capital social é garantia mínima dos credores, e seu aumento corresponde a uma maior garantia do cumprimento do plano de recuperação, o credor pode acreditar no cumprimento do plano em razão do maior suporte material que o aumento de capital social significa. Em se tratando de uma sociedade anônima, é possível também a emissão de valores mobiliários como forma de captação de recursos no mercado de capitais voltados para o sucesso do cumprimento do plano.

A possibilidade de reestruturar a atividade empresarial também ocorre com a redução de custos. Por essa razão, é possível que haja trespasse (que é a alienação parcial do estabelecimento) ou arrendamento de estabelecimento, inclusive à sociedade constituída pelos próprios empregados. Assim, é possível – com a intenção de reduzir custos que impactarão na manutenção da atividade empresarial e que serão base para o cumprimento do plano de recuperação –, além do trespasse e do arrendamento, ocorrer a venda parcial dos bens, a venda integral da devedora e o usufruto da empresa como modalidades de enxugamento da estrutura originária que, provavelmente, conduziu àquele estado de crise econômico-financeira.

Calha a advertência de que, sendo o caso de previsão de venda de bem com garantia real, esta só será admitida com aprovação expressa de seu titular, bem como é necessária a aprovação do credor titular de créditos em moeda estrangeira quando houver previsão de afastamento da variação cambial.

É possível que tais alienações gerem ganho de capital em razão da diferença entre o que custou para a empresa recuperanda e o que ela auferiu com essa alienação. Sendo o caso, incidirá IR e Contribuição sobre Lucro Líquido (CSLL), os quais poderão ser parcelados desde que observem a possibilidade de, em não havendo pagamento, constar, no Cadastro Informativo de Créditos não Quitados do Setor Público Federal (CADIN) e como prazo, a mediana de alongamento no plano de recuperação judicial em relação aos créditos a ele sujeitos – contexto no qual o limite de alongamento de prazo poderá ser readequado na hipótese de alteração superveniente do plano de recuperação judicial.

Para facilitar o acompanhamento da recuperação judicial no que diz respeito ao cumprimento desta, é possível que o plano de recuperação preveja a constituição de sociedade de credores, com intuito de se aproximar da realidade vivida pela empresa em recuperação, bem como a constituição de sociedade de propósito específico para adjudicar, em pagamento dos créditos, os ativos do devedor. A ideia é fazer com que o próprio credor participe efetivamente da recuperação e, com isso, as possibilidades de sucesso aumentem.

Inovação trazida pela Lei n. 14.112/2020 foi a inclusão do art. 50-A na Lei n. 11.101/2005. Trata-se de uma espécie de tentativa de equalizar a carga tributária com relação à arrecadação do PIS, da Pasep e da Cofins, bem como da CSLL e do IR. A *novel* legislação criou mecanismos de equilíbrio entre o que o Estado deixa de arrecadar com a recuperação em relação a esses tributos e aquele impacto já sofrido pela empresa recuperanda quando instada a recolher aos cofres públicos os tributos aqui referidos.

Conforme foi possível perceber ao longo deste livro, a Lei n. 14.112/2020 traz mecanismos de proteção ao crédito tributário, por vezes exagerada, pois os tributos representam parcela significativa da dívida das empresas e, por isso, seria possível avançar na busca de, como todos os demais credores, o Estado também contribuir com sua parcela.

— 2.4 —
Assembleia geral de credores e comitê de credores

Órgãos importantes para a deliberação acerca do plano de recuperação judicial são a assembleia geral e o comitê de credores. A assembleia é a manifestação e a expressão da vontade dos credores, pois são decisões coletivas que impactam coletivamente. A assembleia geral de credores tem funções diferentes para a falência e para a recuperação.

Para os limites desta obra, analisaremos tão somente as funções da assembleia geral de credores de acordo com o art. 35 da LFR, no que diz respeito à recuperação.

A assembleia geral de credores, na recuperação judicial, tem por atribuições deliberar sobre:

a. aprovação, rejeição ou modificação do plano de recuperação judicial apresentado pelo devedor;
b. constituição do comitê de credores, escolha de seus membros e sua substituição;
c. pedido de desistência do devedor;
d. nome do gestor judicial, quando do afastamento do devedor;
e. qualquer outra matéria que possa afetar os interesses dos credores;
f. alienação de bens ou direitos do ativo não circulante do devedor, não prevista no plano de recuperação judicial.

A decisão de mais relevância da assembleia tem relação com a aprovação, a rejeição ou a modificação do plano de recuperação judicial apresentado pelo devedor, pois é com base nisso que se produzirá como efeito a convolação em falência caso o plano seja rejeitado.

O comitê de credores é órgão facultativo e está reservado a situações de representatividade para facilitar a deliberação dos credores por meio de seus representantes:

a. 1 representante indicado pela classe de credores trabalhistas, com 2 suplentes;
b. 1 representante indicado pela classe de credores com direitos reais de garantia ou privilégios especiais, com 2 suplentes;
c. 1 representante indicado pela classe de credores quirografários e com privilégios gerais, com 2 suplentes;
d. 1 representante indicado pela classe de credores representantes de microempresas e empresas de pequeno porte, com 2 suplentes.

Na inexistência desse órgão, cabe ao administrador judicial ou, na incompatibilidade deste, ao juiz exercer suas atribuições, de acordo com a inteligência do art. 28 da LFR.

Esclarecemos também que, por força do parágrafo 4º do art. 39 da LFR, em razão da modificação trazida pela Lei n. 14.112/2020, há o objetivo de simplificar a colheita de aquiescência à proposta prevista no plano, nas circunstâncias em que a assembleia poderá ser substituída, com idênticos efeitos, por:

a. termo de adesão firmado por tantos credores quantos satisfaçam o quórum de aprovação específico;
b. votação realizada por meio de sistema eletrônico que reproduza as condições de tomada de voto da assembleia geral de credores;
c. outro mecanismo reputado suficientemente seguro pelo juiz.

Essas manifestações dos credores colhidas nesses formatos serão fiscalizadas pelo administrador judicial, que emitirá parecer sobre sua regularidade antes de sua homologação judicial.

Assim, é possível substituição da assembleia para os casos aqui apontados.

O ponto mais importante com relação às decisões da assembleia ocorre com relação ao quórum de deliberação sobre os assuntos que são postos para sua decisão.

— 2.4.1 —
Quórum de deliberação na recuperação

As deliberações necessitam de alguns critérios para que obtenham aprovação, em razão do que há a manifestação de um número de credores que, embora tenham interesse em satisfazer seus créditos, são de natureza jurídica distinta e, por isso, devem ter peso distinto também no momento de sua aprovação.

A Lei n. 14.112/2020 incluiu a possibilidade de anular voto de credor quando manifestamente exercido para obter vantagem ilícita para si ou para outrem, nos termos do parágrafo 6º do art. 39 da LFR.

O Quadro 2.1 mostra os pesos do voto de cada classe de credores, separados em voto quantitativo (número de credores presentes) e voto qualitativo (valor individual do crédito). Também o quórum ocorre por maioria simples, ou seja, 50% mais o primeiro inteiro presentes na assembleia (quantitativo) ou de acordo com o valor do crédito (qualitativo).

Quadro 2.1 – Quórum de aprovação do plano de recuperação judicial – art. 45

Classe dos credores (art. 41)	Natureza do crédito	Voto quantitativo (n. de credores)	Voto qualitativo (valor crédito)	Quórum de deliberação
Classe I	Trabalhistas (sem limite) e acidentários	Maioria simples (mais da metade dos credores presentes)	NÃO se considera o valor dos créditos desta classe	Somente por cabeça: maioria simples
Classe II	Garantia real (até o limite da garantia)	Maioria simples (mais da metade dos credores presentes)	Maioria simples (mais da metade do valor total dos créditos desta classe presentes na AGC)	Por cabeça: maioria simples/ Por crédito: maioria simples

(continua)

(Quadro 2.1 – conclusão)

Classe dos credores (art. 41)	Natureza do crédito	Voto quantitativo (n. de credores)	Voto qualitativo (valor crédito)	Quórum de deliberação
Classe III	Quirografários – privilégio geral – privilégio especial – subordinados e credores com garantia real ao que excedeu o limite de garantia	Maioria simples (mais da metade dos credores presentes)	Maioria simples (mais da metade do valor total dos créditos desta classe presentes na AGC)	Por cabeça: maioria simples/ Por crédito: maioria simples
Classe IV	Microempresa ou empresa de pequeno porte	Maioria simples (mais da metade dos credores presentes)	NÃO se considera o valor dos créditos desta classe	Somente por cabeça: maioria simples

Importante modificação feita pela Lei n. 14.112/2020 foi o que trouxe o art. 45-A, quando previu que as deliberações da assembleia podem ser substituídas pela comprovação de adesão de credores que representem mais da metade do valor dos créditos sujeitos à recuperação judicial, incluindo o plano de recuperação pelos credores, a constituição do comitê de credores e a deliberação sobre forma alternativa de realização do ativo, desde que representem 2/3 dos créditos.

Todos esses formatos devem ser fiscalizados pelo administrador judicial, que emitirá parecer sobre sua regularidade, devendo também ser colhida a oitiva do Ministério Público. Como podemos perceber, as deliberações respeitam sempre o espírito democrático quando preveem peso quantitativo e qualitativo nos destinos da empresa recuperanda, como expressão da vontade efetiva da maioria.

Capítulo 3

Fases da recuperação judicial

Após a análise dos pressupostos processuais materiais para a recuperação, é preciso pôr em marcha a pretensão da obtenção do soerguimento da atividade empresarial, agora deduzida em juízo. É uma decisão que necessita de uma análise pormenorizada de todas as fases a serem vencidas durante o processo de recuperação.

Essa análise precisa levar em conta os riscos inerentes a cada fase da recuperação quanto à convolação da recuperação judicial em falência. Em cada uma das fases desenvolvidas, há presente a possibilidade e o risco de, em não sendo atendidas as peculiaridades delas, não se manter a atividade empresarial com a transformação e o aproveitamento de alguns atos, mas agora em um processo de falência que implica, necessariamente, a extinção da atividade empresarial considerada.

Assim, abordaremos, a seguir, as fases da recuperação e seus pormenores, na tentativa de identificação dos riscos aqui apontados.

— 3.1 —
Fase postulatória

Uma advertência necessária que aqui se faz presente tem relação ao momento do início da fase postulatória, que pode traduzir-se em circunstâncias distintas. Vale dizer, há dois momentos de postulação inicial de recuperação. Podem surgir, então, duas possibilidades para a postulação em juízo da recuperação, a depender da existência de um pedido de falência oriundo de qualquer credor que tenha legitimidade para esse pedido. Assim, há de se identificar, quando da pretensão de se deduzir em juízo um requerimento de recuperação, se já fora distribuído pedido de falência, e esse é o critério.

Em não havendo qualquer pedido de falência daquela empresa considerada, o devedor que busca sua recuperação pode livremente postular em juízo sem qualquer prazo processual anterior em andamento. O cuidado, então, é com o levantamento da documentação apta para a distribuição do pedido e a elaboração do plano de recuperação judicial. Nessa hipótese, é possível ser chamada de **recuperação judicial como pedido**.

Para o caso de ter-se sido citado para responder a um pedido de falência, uma das possibilidades de resposta é, de acordo com o art. 96, inciso VII, da Lei n. 11.101, de 9 de fevereiro de 2005 – Lei de Falência e Recuperações (LFR) –, a apresentação de pedido de recuperação judicial (Brasil, 2005). Nesse caso, o tempo urge. Os prazos são curtos e contados em dias corridos, conforme prevê a nova sistemática da Lei n. 14.112, de 24 de dezembro de 2020, quando, em 10 dias, o devedor tem de levantar um rol de documentos que espelham a situação econômico-financeira da empresa para poder fazer esse requerimento em juízo. Pode ser denominada de **recuperação judicial como defesa**.

— 3.1.1 —
Objetivos (gerais e específico)

Há uma teleologia do legislador com relação à recuperação judicial como um todo. É a aplicação do princípio da preservação da empresa, pois, na dicção do art. 47 da LFR, a recuperação judicial tem por objetivo viabilizar a superação da situação de crise econômico-financeira do devedor, a fim de permitir a manutenção da fonte produtora, do emprego dos trabalhadores e dos interesses dos credores, promovendo, assim, a preservação da empresa, sua função social e o estímulo à atividade econômica, sendo esses os objetivos gerais.

O objetivo específico da fase postulatória é dar condições para o juiz e para os credores de identificar a potencial retomada da viabilidade econômico-financeira, que padece de crise que deve revelar-se como momentânea e que pode soerguer-se.

Portanto, a fase postulatória objetiva que o devedor possa, inicialmente, demonstrar sua condição de recuperar-se e de apresentar o plano de recuperação, pois essa fase somente se encerra com a apresentação deste, no prazo de 60 dias corridos, a teor do art. 53 da LFR.

— 3.1.2 —
Legitimidade ativa

Há uma regra com relação à legitimidade que diz que ninguém pode pleitear direito alheio em nome próprio, salvo exceções.

Há a necessidade de se ter um vínculo com o que se postula em juízo, vale dizer, o que busco com a tutela jurisdicional deve estar na esfera individual daquele que postula. Quer isso dizer que a iniciativa de requerer recuperação é ato exclusivo do empresário e da sociedade empresária em momento de crise econômico-financeira e a ninguém mais.

Entretanto, ainda que exista liame subjetivo conectando a legitimidade para o requerimento de recuperação judicial, é preciso preencher requisitos mínimos, previstos no art. 48 da Lei n. 11.101/2005, cuja inteligência indica que pode requerer recuperação judicial o devedor que, no momento do pedido, exerça regularmente suas atividades há mais de dois anos e que atenda aos seguintes requisitos, cumulativamente:

> I – não ser falido e, se o foi, estejam declaradas extintas, por sentença transitada em julgado, as responsabilidades daí decorrentes;
>
> II – não ter, há menos de 5 (cinco) anos, obtido concessão de recuperação judicial;
>
> III – não ter, há menos de 5 (cinco) anos, obtido concessão de recuperação judicial com base no plano especial [...];
>
> IV – não ter sido condenado ou não ter, como administrador ou sócio controlador, pessoa condenada por qualquer dos crimes previstos nesta Lei. (Brasil, 2005)

Como é possível perceber, não é uma via aberta para qualquer pessoa. Significa dizer que, se o empresário ou a sociedade empresária não preencher o que determina a lei, a porta estará fechada para o requerimento de recuperação judicial. Ressaltamos que esses requisitos se reproduzem nas recuperações judiciais especiais e nas extrajudiciais.

— 3.1.3 —
Rol de documentos para postulação

Postular significa buscar a tutela jurisdicional para a resolução de uma *lide*, esta entendida como um "um conflito de interesses qualificado por uma pretensão resistida ou insatisfeita" (Carnelutti, 1999, 2000a, 2000b). Dessa forma, existe uma "lide recuperacional"?

Embora seja preciso a postulação em juízo de uma recuperação judicial, esse "conflito de interesses" se faz presente na pretensão dos credores de receber seus créditos, na forma e no prazo combinados, mas que, em razão da situação de crise, não são satisfeitos em sua integralidade. Desse modo, existe uma "lide", mas não uma "lide recuperacional", uma vez que é incompatível com as possibilidades que podem modular as dívidas que se pretendem recuperar com a satisfação ou a resistência dessa pretensão.

A resistência à pretensão do devedor de recuperar manifesta-se quando da deliberação sobre o plano de recuperação apresentado, mas isso será objeto de análise em outro item deste capítulo.

Para a configuração da existência de uma lide, é preciso que se dispare em juízo uma petição inicial de recuperação, que é o documento hábil para se instaurar a tentativa de soerguimento da atividade empresarial e deverá conter:

- A exposição das causas concretas da situação patrimonial do devedor e das razões da crise econômico-financeira, com intuito de identificar a real dimensão patrimonial e endividamento da empresa considerada.

- As demonstrações contábeis relativas aos três últimos exercícios sociais e as levantadas especialmente para instruir o pedido, confeccionadas com estrita observância da legislação societária aplicável e compostas obrigatoriamente de balanço patrimonial, demonstração de resultados acumulados, demonstração do resultado desde o último exercício social, relatório gerencial de fluxo de caixa e de sua projeção e descrição das sociedades de grupo societário, de fato ou de direito, com a intenção de se ter um detalhamento contábil da empresa e, especialmente, identificar sua viabilidade econômico-financeira.

- Como requisito objetivo da inicial, é necessária a juntada da relação nominal completa dos credores, sujeitos ou não à recuperação judicial, inclusive aqueles por obrigação de fazer ou de dar, com a indicação do endereço físico e eletrônico de cada um, a natureza, conforme estabelecido nos arts. 83 e 84 da LFR, e o valor atualizado do crédito, com a discriminação de sua origem, e o regime dos vencimentos, a fim de que se possa operacionalizar a exata conexão com o plano de recuperação judicial.

- Relação integral dos empregados, em que constem as respectivas funções, salários, indenizações e outras parcelas a que têm direito, com o correspondente mês de competência, e a discriminação dos valores pendentes de pagamento, pois, nesse ponto, o juiz e os credores terão condições de identificar o impacto nas relações de trabalho da empresa, no intuito de se analisar eventual acordo ou convenção coletiva, previstos no plano.

- Outra documentação necessária é a certidão de regularidade do devedor no Registro Público de Empresas, o ato constitutivo atualizado e as atas de nomeação dos atuais administradores, para que o juiz possa identificar a exata conformação do que prescreve o art. 48 da LFR, bem como a regularidade do desenvolvimento da atividade empresarial exercida há mais de dois anos.

- Com a intenção de se identificar a capacidade patrimonial dos sócios, é necessária a juntada da relação dos bens particulares dos sócios controladores e dos administradores do devedor.

- O impacto financeiro da empresa na recuperação será revelado quando a inicial trouxer ao processo os extratos atualizados das contas bancárias do devedor e de suas eventuais aplicações financeiras de qualquer modalidade, inclusive em fundos de investimento ou em bolsas de valores, emitidos pelas respectivas instituições financeiras; para que se possa aferir a eventual presunção de insolvabilidade pairando sobre o devedor, é necessária a apresentação das certidões dos cartórios de protestos.

- Certidões dos cartórios de protestos situados na comarca do domicílio ou sede do devedor e naquelas onde tem filial.
- Como documento importante que deve ser juntado à inicial, a relação, subscrita pelo devedor, de todas as ações judiciais e procedimentos arbitrais em que este figure como parte, inclusive as de natureza trabalhista, com a estimativa dos respectivos valores demandados.
- De acordo com a nova lei, que prevê uma proteção especial aos tributos, o relatório detalhado do passivo fiscal.
- A relação de bens e direitos integrantes do ativo não circulante, incluídos aqueles não sujeitos à recuperação judicial, acompanhada dos negócios jurídicos celebrados com os credores de que trata o parágrafo 3º do art. 49 da Lei n. 11.101/2005, para individualizar créditos dessa natureza.

O legislador trouxe importante modificação com a Lei n. 14.112/2020 no que diz respeito à promoção e à constatação das reais condições de funcionamento do requerente, bem como a regularidade e a completude da documentação apresentada pelo devedor em recuperação judicial. Quando o juiz entender que não tem condições técnicas de identificar a situação financeira por meio da análise documental apresentada, poderá nomear profissional de sua confiança, desde que este detenha capacidade técnica e aptidão para o desempenho dessa atividade.

É a inteligência do novel art. 51-A, inserido pela Lei n. 14.112/2020, que prescreve que, após a distribuição do pedido de recuperação judicial, pode o juiz, quando reputar necessário, nomear profissional de confiança, com capacidade técnica e idoneidade, para promover a constatação exclusivamente das reais condições de funcionamento da requerente e da regularidade e da completude da documentação apresentada com a petição inicial.

Esse profissional será remunerado tão logo apresente seu laudo técnico, ficando a cargo do juiz a fixação do percentual remuneratório. É a dicção do parágrafo 1º do art. 51-A da nova lei.

Os critérios de remuneração desse profissional não foram determinados pelo legislador e, provavelmente, seguirão a forma da remuneração dos auxiliares da justiça, observada a lógica do art. 156 do Código de Processo Civil (CPC) – Lei n. 13.105, de 16 de março de 2015 (Brasil, 2015).

A nova legislação também prevê a confecção de um laudo de constatação, realizado pelo profissional nomeado, para serem reveladas as reais condições de funcionamento do devedor e da regularidade documental. Além disso, de acordo com o parágrafo 2º do art. 51-A, o juiz deve conceder o prazo máximo de 5 dias para que o profissional nomeado apresente o laudo de constatação referido daquelas reais condições de funcionamento do devedor e da regularidade documental.

Essa nomeação de profissional para exercer o trabalho pode fazer com que o devedor em recuperação não tenha total segurança com relação ao seu alcance, o que pode dificultar a atuação deste. Se o juiz detectar que a realização da diligência com a presença do devedor pode frustrar os objetivos, a ele é permitida a elaboração de uma constatação prévia *inautida altera pars*. É o que diz o novel parágrafo 3º do art. 51-A, quando descreve que a constatação prévia pode ser determinada sem que seja ouvida a outra parte e sem apresentação de quesitos por qualquer das partes, com a possibilidade de o juiz determinar a realização da diligência sem a prévia ciência do devedor, quando entender que esta pode frustrar seus objetivos.

Produzida a constatação prévia, seu objeto reside tão somente na análise das reais condições de funcionamento da empresa, bem como da regularidade documental, não podendo tal constatação ser fundamento para indeferimento do processamento da recuperação judicial. É o que, textualmente, aponta o parágrafo 5º do art. 51-A quando prevê que a constatação prévia consistirá, objetivamente, na verificação das reais condições de funcionamento da empresa e da regularidade documental, sendo vedado o indeferimento do processamento da recuperação judicial baseado na análise de viabilidade econômica do devedor.

Apesar da possibilidade de produção de um laudo de constatação prévio e sem a oitiva do devedor, com o intuito de evitar discrepâncias entre a realidade fática e a realidade trazida aos autos, o devedor terá oportunidade de manifestar-se sobre todas as circunstâncias levantadas pelo laudo, mediante interposição, caso não concorde com seus termos, de recurso cabível, ou, até mesmo, de emenda da inicial quando o juiz assim lhe oportunizar, nos exatos termos do parágrafo 4º do art. 51-A da

LFR, o qual observa que o devedor será intimado do resultado da constatação prévia concomitantemente à sua intimação da decisão que deferir ou indeferir o processamento da recuperação judicial, ou que determinar a emenda da petição inicial, podendo impugná-la mediante interposição do recurso cabível.

Parece-nos acertado o cuidado do legislador em realizar laudo de constatação ante a turbulência que o devedor passa no momento de requerer seu soerguimento e, no intuito de ter uma recuperação com maior probabilidade de êxito, justifica-se a mudança legislativa.

Pode a constatação prévia identificar indícios do cometimento de fraudes que poderiam, em potencial, ser convalidadas na ação de recuperação judicial, ou seja, é possível que o devedor, antevendo dificuldades financeiras, utilize-se, de modo fraudulento, da ação de soerguimento para prejudicar credores. Nesse caso, o juiz pode indeferir a petição inicial, além de oficiar ao Ministério Público para que tome as providências criminais cabíveis, se entender que é o caso, para a identificação de crimes comuns, pois não haveria condição objetiva de punibilidade para crime falimentar sem sentença de quebra ou concessão da recuperação.

No entanto, registramos que, se o laudo de constatação identificar o esvaziamento patrimonial do devedor que implique liquidação substancial da empresa, em prejuízo de credores não sujeitos à recuperação judicial, inclusive as fazendas públicas, é o caso não apenas de indeferir a petição inicial, mas também de convolar a recuperação em falência, a teor do art. 73, inciso VI, da LFR, especialmente para a constatação de crimes falimentares, pois o art. 180 da mesma lei aduz que a sentença que decreta falência é condição objetiva de punibilidade dos crimes falimentares, justamente porque é o Ministério Público o titular da ação penal nos chamados *crimes falimentares*, de acordo com o art. 184 da LFR, que diz que todos os crimes previstos nessa lei são crimes de ação pública incondicionada.

Outra inovação interessante tem relação com a fixação da competência para o processamento e julgamento da recuperação judicial em que tenha sido realizado laudo de constatação. Isso porque a distribuição de um pedido de recuperação ocorre nos termos do art. 3º da LFR, que prescreve ser competente para homologar o plano de recuperação extrajudicial, deferir a recuperação judicial ou decretar a falência o **juízo do local do principal estabelecimento do devedor** ou da filial de empresa que tenha sede fora do Brasil. Essa definição da competência tem como critério não o domicílio do devedor (art. 75, Código Civil), mas o local do principal estabelecimento, exatamente por concentrar-se a maioria das relações jurídicas havidas pelo devedor em recuperação. Entretanto, o devedor pode não ter sido tão criterioso na hora da distribuição do pedido, e o juízo não tem ferramentas para identificar se aquele não é seu principal estabelecimento. Mas o laudo de constatação pode, sim, detectar essa discrepância e alertar o juiz.

Portanto, caso a constatação prévia demonstre que o principal estabelecimento do devedor não se situa na área de competência do juízo, o juiz deve determinar a remessa dos autos, com urgência, ao juízo competente.

— 3.1.4 —
Créditos abrangidos e exceções

As fases da recuperação judicial têm começo, meio e fim. A fase postulatória começa com o requerimento, em juízo, do devedor e se desenvolve com a juntada da documentação e, eventualmente, com o laudo de constatação realizado pelo profissional nomeado pelo juiz para essa tarefa. Também após o deferimento, surge a necessidade de ser apresentado em 60 dias o plano de recuperação, sob pena de convolação em falência. Para que o devedor realize a confecção desse projeto de soerguimento, informação crucial e determinante tem relação com os créditos que podem ser objeto de recuperação e, portanto, quais deles poderão constar no plano de recuperação. Para isso, a seguir, trataremos dos créditos abrangidos, bem como das exceções, deixando consignado que houve significativa ampliação desse rol pelo legislador da Lei n. 14.112/2020.

É possível incluir, para serem recuperados, todos os créditos existentes na data do pedido, mesmo aqueles que ainda não venceram. Embora tais créditos não vencidos não tenham a característica da exigibilidade, são créditos que compõem a massa de débitos relevantes para o soerguimento da atividade empresarial. O parágrafo 1º do art. 49 da LFR é expresso ao prevenir a manutenção de direitos correlatos aos créditos originários, pois prescreve que os credores do devedor em recuperação judicial conservam seus direitos e privilégios contra os coobrigados, fiadores e obrigados de regresso.

Tendo como marco temporal a recuperação judicial, é preciso alertar que o legislador entendeu que as obrigações constituídas antes da recuperação judicial observarão as condições originalmente contratadas ou definidas em lei, inclusive no que diz respeito aos encargos, salvo se, de modo diverso, ficar estabelecido no plano de recuperação judicial. Essa modulação das condições, originalmente, contratadas ou definidas em lei, é o grande objeto do plano de recuperação judicial, pois somente se previstas por ele é que serão mudadas as condições das obrigações anteriores à recuperação judicial.

O legislador cria um sistema para identificar os créditos abrangidos. Como vimos, a dicção legal é a de que estarão abarcados todos os créditos existentes na data do pedido, ainda que não vencidos. Entretanto, não se trata exatamente de uma totalidade, pois excetuam-se alguns créditos e, sob esta lógica, não se tratando dessas exceções, o resíduo pode ser recuperado.

O legislador deixa de fora de abrangência da recuperação judicial créditos tributários, exatamente por força do art. 57[1] da LFR, impondo ao devedor que apresente certidão negativa de débito tributário após a juntada aos autos do plano aprovado ou sem objeções de credores.

Uma das razões é decorrente de sua natureza tributária caracterizada como bem público indisponível, ou seja, não está à disposição da Fazenda Pública, pois seu titular é o cidadão. Outra possível razão é que o tributo é obrigação *ex lege*, condição na qual não é possível colher manifestação da vontade em aderir a plano de recuperação.

Outra ressalva reside nos credores titulares da posição de proprietário fiduciário de bens móveis ou imóveis, de arrendador mercantil, de proprietário ou promitente vendedor de imóvel cujos respectivos contratos contenham cláusula de irrevogabilidade ou irretratabilidade, inclusive em incorporações imobiliárias, ou de proprietário em contrato de venda com reserva de domínio.

Mais uma restrição advêm dos provenientes da importância entregue ao devedor, em moeda corrente nacional, decorrente de adiantamento a contrato de câmbio para exportação, conforme preleciona o parágrafo 4º do art. 49 da LFR.

---

[1] "Art. 57. Após a juntada aos autos do plano aprovado pela assembleia-geral de credores ou decorrido o prazo previsto no art. 55 desta Lei sem objeção de credores, o devedor apresentará certidões negativas de débitos tributários nos termos dos arts. 151, 205, 206 da Lei n. 5.172, de 25 de outubro de 1966–Código Tributário Nacional" (Brasil, 2005).

Isenta-se da recuperação o crédito garantido por penhor sobre títulos de crédito, direitos creditórios, aplicações financeiras ou valores mobiliários, podendo ser substituídas ou renovadas as garantias liquidadas ou vencidas durante a recuperação judicial. Enquanto não renovadas ou substituídas, o valor eventualmente recebido em pagamento das garantias permanecerá em conta vinculada durante o período de suspensão do prazo prescricional em relação ao deferimento do processamento da recuperação judicial.

A novel legislação tem como característica precípua a ampliação das prerrogativas e dos privilégios da Fazenda Pública, bem como de outros créditos impactantes na economia – mantém-se quando disciplina os créditos a serem recuperados judicialmente, fiel a esse espírito, conforme veremos na análise a seguir.

O produtor rural foi destacado e o legislador criou uma regra específica para as hipóteses de que tratam os parágrafos 2º e 3º do art. 48 da LFR, qual seja, de que só pode haver recuperação desses créditos se decorrerem, exclusivamente, da atividade rural e, ainda, se estiverem discriminados nos documentos a que se referem, ainda que não vencidos. A Lei n. 4.829, de 5 de novembro de 1965, institucionaliza o crédito rural (Brasil, 1965). Ela considera como "crédito rural", a teor de seu art. 2º, o suprimento de recursos financeiros por entidades públicas e estabelecimentos de crédito particulares a produtores rurais ou a suas cooperativas para aplicação exclusiva em atividades que se enquadrem nos objetivos indicados na legislação em vigor.

Portanto, o crédito rural tem importante destaque no fomento da atividade rural brasileira e merece, por essa razão, proteção do legislador. A fonte de custeio do crédito rural, basicamente, é oriunda de recursos públicos, especialmente, do Fundo Nacional de Refinanciamento Rural, do Fundo Nacional de Reforma Agrária e do Fundo Agroindustrial de Reconversão. Esses recursos são controlados, de acordo com art. 7º da Lei n. 4.829/1965, às seguintes instituições: Banco Central, Banco do Brasil, Banco da Amazônia e Banco do Nordeste do Brasil.

Esses créditos não se sujeitam aos efeitos da recuperação judicial, de acordo com a inclusão do parágrafo 7º do art. 49 da LFR, pela Lei n. 14.112/2020, cuja redação é a seguinte: "Não se sujeitarão aos efeitos da recuperação judicial os recursos controlados e abrangidos nos termos dos arts. 14 e 21 da Lei n. 4.829, de 5 de novembro de 1965" (Brasil, 2020).

O legislador da Lei n. 14.112/2020 entendeu que é possível sujeitar à recuperação judicial os créditos rurais que não tenham sido objeto de renegociação entre o devedor e a instituição financeira antes do pedido de recuperação judicial, na forma de ato do Poder Executivo. Vale dizer que créditos rurais não renegociados antes do pedido de recuperação judicial podem ser objeto do plano de recuperação judicial.

Por fim, de acordo com a nova sistemática, há a previsão dos créditos referidos no parágrafo 9º do art. 49 da LFR, o qual aduz que não se enquadram nos créditos abrangidos aqueles relativos à dívida constituída nos três últimos anos anteriores ao pedido de recuperação judicial, que tenham sido contraídos com a finalidade de aquisição de propriedades rurais, bem como as respectivas garantias. Trata-se de mais uma proteção para a atividade rural.

Outro cuidado com relação à abrangência dos créditos é a circunstância que envolve créditos derivados da legislação do trabalho, pois o art. 54 da LFR dispõe que o plano de recuperação judicial não poderá prever prazo superior a um ano para pagamento dos créditos derivados da legislação do trabalho ou decorrentes de acidentes de trabalho vencidos até a data do pedido de recuperação judicial.

Ainda de acordo com o parágrafo 1º do referido art. 54 da LFR, o plano não pode prever prazo superior a 30 dias para o pagamento, até o limite de cinco salários mínimos por trabalhador, dos créditos de natureza estritamente salarial vencidos nos três meses anteriores ao pedido de recuperação judicial. Trata-se das chamadas *verbas salariais imediatas*, que têm natureza jurídica de créditos emergenciais de subsistência do trabalhador e, portanto, não podem figurar em projeto de recuperação.

O legislador previu um aumento do prazo de um ano para o pagamento dos créditos derivados da legislação do trabalho, conforme o *caput* do art. 54, se o plano de recuperação judicial atender, cumulativamente, aos seguintes pontos: (a) apresentação de garantias julgadas suficientes pelo juiz; (b) aprovação, pelos credores titulares, de créditos derivados da legislação trabalhista ou decorrentes de acidentes de trabalho, na forma do parágrafo 2º do art. 45 da LFR; e (c) garantia da integralidade do pagamento dos créditos trabalhistas.

Esse aumento de prazo tem como razão de ser a possibilidade de o devedor, com o soerguimento, suavizar o impacto de créditos trabalhistas e, de outro lado, de os trabalhadores aumentarem a garantia da satisfação de seus direitos.

— 3.1.5 —
Decisão de processamento

O juízo, após convencido de que a documentação trazida pelo devedor ou analisada pelo profissional mediante laudo de constatação é idônea e suficiente para revelar as reais condições de funcionamento e sua possibilidade de soerguer-se, deve deferir o processamento da recuperação judicial.

Tal deferimento implica uma série de determinações por meio da prática de alguns expedientes em que o juiz dá início aos procedimentos visando ao sucesso da empreitada de retomada de viabilidade financeira da atividade empresarial considerada.

O juiz, então, nomeará o administrador judicial, que deve ser profissional idôneo, preferencialmente advogado, economista, administrador de empresas ou contador, ou pessoa jurídica especializada, nos termos do art. 21 da LFR, cujas funções e responsabilidades são determinadas pelo art. 22 da mesma lei, bem como sua remuneração, que será com base no art. 24 da LFR.

Caso tenha contrato com o Poder Público, o devedor precisa apresentar certidões para a manutenção do exercício daquele negócio. Assim, para evitar eventual rescisão contratual, o juiz pode determinar a dispensa da apresentação de certidões negativas para que o devedor exerça suas atividades, sem as quais haveria uma situação, no mínimo, impactante no resultado do processamento da recuperação, qual seja: se o contrato é o que trará recursos para o cumprimento do plano, tal contrato não poderá ser rescindido ou suspenso.

Outra circunstância que pode resultar em dificuldades financeiras para o devedor é a continuidade de eventuais ações ou execuções em razão deste, porque podem ocorrer atos expropriatórios sobre bens e direitos que constem no plano de recuperação e não mais sirvam ao propósito de recuperar, conduzindo, no entanto, à convolação em falência. Por esses motivos é que o juízo ordena a suspensão de todas as ações ou execuções contra o devedor, na forma do art. 6º da LFR, permanecendo os respectivos autos no juízo onde se processam, excetuando-se alguns créditos, como as ações que demandam quantias ilíquidas.

A obrigação da comunicação dessas suspensões fica a encargo do devedor, pois o parágrafo 3º do art. 52 da LFR prevê que cabe ao devedor comunicar a suspensão aos juízos competentes.

O deferimento da recuperação judicial implica uma obrigação ao devedor de apresentar contas demonstrativas mensais enquanto perdurar a recuperação judicial, sob pena de destituição de seus administradores. A ideia é manter atualizadas as atividades do recuperando, até mesmo porque um dos deveres do administrador judicial, de acordo com o art. 22 da LFR, é fiscalizar as atividades do devedor e o cumprimento do plano de recuperação judicial.

Uma inovação trazida com a Lei n. 14.112/2020 é que o juiz determinará a intimação eletrônica do Ministério Público e das Fazendas Públicas federal e de todos os estados, Distrito Federal e municípios em que o devedor tiver estabelecimento, a fim de que tomem conhecimento da recuperação judicial e informem eventuais créditos perante o devedor para divulgação aos demais interessados.

Essa intimação tem como escopo facilitar o controle dos créditos tributários dessas pessoas políticas, que podem, inclusive, requerer a convolação da recuperação em falência, a teor do previsto no inciso V do art. 73 da LFR, com relação aos parcelamentos eventualmente em curso.

O juiz ordenará a expedição de edital, para publicação no órgão oficial, que deve conter:

a. o resumo do pedido do devedor e da decisão que defere o processamento da recuperação judicial;
b. a relação nominal de credores, em que se discrimine o valor atualizado e a classificação de cada crédito;
c. a advertência acerca dos prazos para habilitação dos créditos e para que os credores apresentem objeção ao plano de recuperação judicial apresentado pelo devedor.

Isso ocorre porque esse edital fará com que os credores possam manifestar-se sobre o plano de recuperação judicial e, especialmente, sobre a apresentação de plano de recuperação judicial agora proposto pelos credores.

O deferimento do processamento da recuperação outorga aos credores a possibilidade de requerer a convocação de assembleia geral com o objetivo de constituição ou substituição do comitê de credores, desde que respeitado o quórum mínimo previsto na lei.

O devedor não pode desistir do pedido de recuperação judicial após o deferimento de seu processamento, salvo se obtiver aprovação da desistência na assembleia geral de credores. Uma das razões pelas quais não se pode desistir do pedido de recuperação judicial é que, após seu deferimento, transmuda-se o interesse individual do devedor e passam a prevalecer os interesses coletivos dos credores ante uma possibilidade real de falência, hipótese em que todos perderiam, além de evitar-se a banalização do instituto da recuperação.

Diante de todas essas observações com relação ao começo e ao meio da fase postulatória, cabe esclarecer que esta terá fim quando o devedor apresentar, em juízo, o plano de recuperação judicial. Com isso, afasta-se a hipótese de convolação em falência prevista no art. 73 da LFR, pela não apresentação do plano.

Importante é destacar que o art. 53 da LFR aduz que o plano deve ser apresentado no prazo, improrrogável, de 60 dias, redundando em duas situações:

1. o prazo de 60 dias, de acordo com a Lei n. 14.112/2020, conta-se em dias corridos, fulminando qualquer dúvida que existia até 24 de dezembro de 2020, quando expressamente consignou-se, no inciso I do parágrafo 1º do art. 189 da LFR, que todos os prazos devem ser contados em dias corridos;
2. a expressão *improrrogável* demanda uma aplicação da máxima da proporcionalidade; vale dizer, se o juiz detectar, desde que devidamente provocado, uma razoabilidade em eventual pedido de extensão desse prazo, este deverá conceder prazo para a apresentação do plano de recuperação, tendo como fundamento o princípio da preservação da empresa.

— 3.2 —
Fase deliberativa

Após o encerramento da fase postulatória com a apresentação do plano, inicia-se a fase deliberativa com a convocação de uma assembleia geral de credores para a deliberação sobre a aprovação, rejeição ou modificação do plano de recuperação.

A lei determina que a assembleia geral será convocada pelo juiz por meio de edital publicado no Diário Oficial Eletrônico e disponibilizado no sítio eletrônico do administrador judicial, com antecedência mínima de 15 dias, o qual conterá: (a) local, data e hora da assembleia em 1ª e em 2ª convocação, não podendo esta ser realizada menos de 5 dias depois da 1ª; (b) a ordem do dia; (c) local onde os credores poderão, se for o caso, obter cópia do plano de recuperação judicial a ser submetido à deliberação da assembleia.

A ideia do legislador é permitir que os credores se reúnam nos contornos do edital de convocação para tomarem decisões importantes com relação ao futuro da empresa recuperanda. Essa convocação também pode ser feita por credores que representem no mínimo 25% do valor total dos créditos de determinada classe e que podem requerer ao juiz a convocação de assembleia geral.

Qualquer que seja a iniciativa da convocação, esta deve ser **afixada de forma ostensiva na sede e nas filiais do devedor,** para que tenha efeito de ciência coletiva da realização da assembleia.

Importante é consignar que as despesas com a convocação e a realização da assembleia geral correm por conta do devedor ou da massa falida, salvo se convocada em virtude de requerimento do comitê de credores ou quando convocada por credores que representem, no mínimo, 25% do valor total dos créditos de determinada classe.

Instaurada a assembleia, o foco de deliberação é o plano de recuperação, que deve ser analisado sob as seguintes perspectivas:

a. aprovação nos termos em que apresentado;
b. modificação desde que haja expressa concordância do devedor e em termos que não impliquem diminuição dos direitos exclusivamente dos credores ausentes;

c. rejeição, porém com a submissão de deliberação sobre a concessão de prazo de 30 dias para que seja apresentado plano de recuperação judicial pelos credores;
d. nova aprovação ou rejeição quando concedido o prazo de 30 dias, agora com relação ao plano de recuperação judicial apresentado pelos credores.

Sendo o plano aprovado:

a. encerra-se a fase deliberativa e inicia-se a fase executória, nos termos previstos pelo plano originariamente apresentado;
b. o plano modificado implica sua aprovação e tem efeito de encerrar a fase deliberativa com o início da fase executória;
c. com a rejeição do plano originariamente apresentado, colhe-se aquiescência para a apresentação de novo plano, agora pelos credores, pelo prazo de 30 dias; contudo, não sendo concedido tal prazo, mantém-se a rejeição e haverá convolação em falência;
d. o novo plano apresentado pelos credores pode ser rejeitado, e o efeito é a convolação em falência; porém, sendo aprovado, dar-se-á início à fase executória.

Há ainda uma possibilidade de deliberação pela assembleia geral, qual seja, a de, durante a fase executória, decidir pela convolação da recuperação em falência, desde que aprovada a proposta de convolação que obtiver votos favoráveis de credores que representem mais da metade do valor total dos créditos presentes à assembleia geral.

Essa possibilidade de convolação em falência reside na identificação pelos credores da mudança no mercado em que atua o devedor em recuperação e que significará mudança também na recuperação, ou seja, pode ocorrer uma perda superveniente de mercado, exatamente de onde se extraem recursos para o cumprimento do plano de recuperação e, portanto, sendo isso detectado, leva-se à deliberação da assembleia para escolher o melhor destino da empresa recuperanda e de seus créditos.

— 3.3 —
Fase executória

A "Odisseia de Ulisses" ainda não acabou. Não basta que o devedor apresente seu pedido de recuperação ao juízo. Não basta que o devedor elabore e apresente seu plano de recuperação no prazo e no modo determinados pela lei. Não basta que esse plano seja aprovado em deliberação pelos credores. Ainda é preciso que ele seja devidamente cumprido.

Portanto, permanece o "fantasma" da convolação em falência. O inciso IV do art. 73 da LFR prevê a convolação da recuperação judicial em falência pelo descumprimento de qualquer obrigação assumida no plano de recuperação, nos prazos por ele previstos.

Assim, todos os envolvidos nessa recuperação, credores, administrador judicial e Ministério Público, atuam como espécies de fiscais do cumprimento do plano e requererão ao juiz que decrete a falência caso detectem o não cumprimento do plano de recuperação, dentro do período de execução.

Até a edição da Lei n. 14.112/2020, o Superior Tribunal de Justiça (STJ) havia consolidado o entendimento de que não havia legitimidade à Fazenda Pública para requerer falência, em razão de que a cobrança judicial do crédito tributário não é sujeita a concurso de credores, nos termos do art. 187 do Código Tributário Nacional (CTN) – Lei n. 5.172, de 25 de outubro de 1966 (Brasil, 1966) – e alguns dispositivos da Lei n. 6.830, de 22 de setembro de 1980 (Brasil, 1980), exatamente porque a Fazenda tem os meios próprios para a exigência de seu crédito, apesar de decisão do Tribunal de Justiça de São Paulo (TJSP, 2020), que reconheceu legitimidade da Fazenda para requerer falência, em uma decisão isolada e contra o posicionamento consolidado do STJ, em claro exemplo de insegurança jurídica que o Tribunal trouxe.

Entretanto, o inciso V do art. 73 da LFR trouxe uma inovação com relação à ilegitimidade da Fazenda de requerer a convolação daquela recuperação em falência. Sua redação diz que haverá convolação por descumprimento dos parcelamentos tributários ou transação tributária, ou quando identificado o esvaziamento patrimonial da devedora que implique liquidação substancial da empresa, em prejuízo das fazendas públicas.

Cria-se, então, a possibilidade de as fazendas públicas requererem falência do devedor, de acordo com a nova sistemática de convolação em falência.

O legislador, preocupado em proteger créditos tributários, acaba por criar uma nova e inoportuna legitimidade da Fazenda Pública, uma vez que, se o que fundamenta a recuperação judicial é o princípio da preservação da empresa e a carga tributária revela-se quase que determinante para algumas formas de desequilíbrio financeiro, não é possível que interesses da Fazenda Pública sejam maiores do que a manutenção dos empregos, da circulação de riquezas e da geração de novos tributos, que a manutenção da atividade empresarial representa. É como dar com uma mão e tirar com a outra.

— 3.3.1 —
Período de cumprimento

Importante destaque se traduz na circunstância de que há, para a fase executória, um período de cumprimento determinado pela lei para a manutenção do processo de soerguimento em juízo.

A dicção do art. 61 da LFR dispõe que, uma vez proferida a decisão de concessão da recuperação judicial, o juiz pode determinar a manutenção do devedor até que sejam cumpridas todas as obrigações previstas no plano que vencerem até, no máximo, dois anos depois da concessão da recuperação judicial, independentemente do eventual período de carência.

Tal prazo é para evitar recuperações que se estendam no tempo e contribuem mais para a angústia da inviabilidade do que para a estabilidade financeira do devedor em recuperação. Assim, quando alcançado esse prazo, o juiz deve encerrar a recuperação judicial.

A sentença de encerramento da recuperação judicial deve observar o art. 63 da LFR, contexto no qual o juiz deverá determinar as seguintes providências:

> I - o pagamento do saldo de honorários ao administrador judicial, somente podendo efetuar a quitação dessas obrigações mediante prestação de contas, no prazo de 30 (trinta) dias, e aprovação do relatório circunstanciado [...];
>
> II - a apuração do saldo das custas judiciais a serem recolhidas;
>
> III - a apresentação de relatório circunstanciado do administrador judicial, no prazo máximo de 15 (quinze) dias, versando sobre a execução do plano de recuperação pelo devedor;
>
> IV - a dissolução do Comitê de Credores e a exoneração do administrador judicial;
>
> V - a comunicação ao Registro Público de Empresas e à Secretaria Especial da Receita Federal do Brasil do Ministério da Economia para as providências cabíveis. (Brasil, 2005)

Importante observação a ser realizada tem relação com a eventual nomeação de um **gestor judicial**, figura de natureza diversa do administrador judicial, porém com algumas semelhanças.

Durante a "Odisseia de Ulisses", os administradores e devedores são mantidos na gerência da atividade empresarial, mas sob a fiscalização do comitê e do administrador judicial. No entanto, se qualquer dos administradores se encaixar nas hipóteses previstas no art. 64 da LFR, o juiz convocará assembleia geral para deliberar sobre o nome de um gestor judicial, que assumirá a condução da atividade empresarial até a sentença de encerramento da recuperação judicial ou até quando da convolação desta em falência.

A ideia dessa nomeação é preservar a atividade empresária da condução nociva de seus administradores originários, pois aqui o interesse coletivo deve prevalecer.

— 3.4 —
A "grande inovação" da LFR trazida pela Lei n. 14.112/2020

Uma regra de mercado muito usual é que, quanto maiores forem os riscos, maiores serão os resultados. Essa regra influencia diretamente a taxa de juros. Portanto, quanto maiores forem os riscos dos eventuais investimentos realizados, maiores serão as taxas de juros para justificar ganhos maiores aos investidores.

Com base nessas premissas, o legislador originário da LFR incluiu na ordem de classificação de créditos algumas situações de preferência com a nobre tentativa de reduzir as taxas de juros. Nesse sentido, credores portadores de garantia real estariam mais bem alocados na classificação dos créditos e poderiam ofertar crédito com juros mais acessíveis, pois o risco de conceder crédito nessas condições seria menor em caso de eventual falência. Na prática, as coisas não saíram como o esperado e apenas criou-se uma não explicada situação de preferência de créditos com garantia real em detrimento de créditos tributários.

Com isso em mente, surge a tão festejada inovação da Lei n. 14.112/2020 com a classificação como crédito extraconcursal (art. 84, inciso I-B) "ao valor efetivamente entregue ao devedor em recuperação judicial pelo financiador, em conformidade com o disposto na Seção IV-A do Capítulo III desta Lei" (Brasil, 2020). A questão, agora, é desvendar o que seriam esses "valores efetivamente entregues ao devedor" que ganham o *status* de extraconcursal e que estimulariam o mercado a reduzir as taxas de juros dessa operação.

Esses valores são aqueles oriundos da nova Seção IV-A que foi incluída pela Lei n. 14.112/2020 e que trata do financiamento do devedor e do grupo devedor durante a recuperação judicial. Em verdade, é conhecido no direito falencial norte-americano como *debtor-in-possession financing*, também reconhecido pela sigla DIP *financing*, como uma ideia de financiar um devedor em recuperação judicial.

As regras dessa situação estão disciplinas desde o art. 69-A até o art. 69-F da LFR modificada pela Lei n. 14.112/2020. Veremos o alcance de cada dispositivo.

O art. 69-A da LFR permite que, durante a recuperação judicial, o juiz, depois de ouvido o comitê de credores, autorize a celebração de **contratos de financiamento** com o devedor, garantidos pela oneração ou pela alienação fiduciária de bens e direitos, seus ou de terceiros, pertencentes ao ativo não circulante, para financiar suas atividades e as despesas de reestruturação ou de preservação do valor de ativos. A lei criou mecanismo de aporte de recursos de terceiros investidores para fazer frente às despesas de que a atividade empresarial necessita e de que sente a falta de caixa em razão de seu crédito estar contaminado pela recuperação e pelas eventuais desconfianças do mercado.

O legislador inclusive, no art. 69-B da LFR, impõe que, mesmo com a modificação em grau de recurso da decisão autorizativa da contratação do financiamento, não se pode alterar sua natureza extraconcursal, nos termos do art. 84 da mesma lei, nem as garantias outorgadas pelo devedor em favor do financiador de boa-fé, caso o desembolso dos recursos já tenha sido efetivado. Isso justamente com o intuito de estimular a concessão dessa natureza de crédito.

Esse contrato de financiamento pode ser realizado por qualquer pessoa, inclusive credores, sujeitos ou não à recuperação judicial, familiares, sócios e integrantes do grupo do devedor conforme o art. 69-E da LFR. Além disso, qualquer pessoa ou entidade pode garantir o financiamento mediante a oneração ou a alienação fiduciária de bens e direitos, inclusive o próprio devedor e os demais integrantes de seu grupo, estejam ou não em recuperação judicial, nos termos do art. 69-F da LFR.

Outra novidade importante, agora prevista no art. 69-C da LFR, refere-se a fato de que o juiz pode autorizar a constituição de garantia subordinada sobre um ou mais ativos do devedor em favor do financiador de devedor em recuperação judicial, dispensando a anuência do detentor da garantia original. Com essa providência, aumenta-se a garantia e diminui-se o risco. Ao menos é a tentativa. Claro que também prevê, em seu parágrafo 1º, que essa garantia subordinada, em qualquer hipótese, fica limitada ao eventual excesso resultante da alienação do ativo objeto da garantia original, também como forma de proteger as relações jurídicas anteriormente realizadas com esse tipo de garantia, deixando de fora qualquer modalidade de alienação fiduciária ou de cessão fiduciária, nos termos do parágrafo 2º do art. 69-C.

Uma preocupação com a eventual convolação em falência ocorrida antes da liberação total de valores desse tipo de financiamento é o que revela o art. 69-D, pois será considerado automaticamente rescindido o eventual contrato formalizado. Outra preocupação tem relação com os valores parciais liberados cujas garantias constituídas e preferências serão conservadas até o limite desses valores efetivamente entregues ao devedor antes da data da sentença que convolar a recuperação judicial em falência.

Capítulo 4

Recuperação judicial das microempresas e empresas de pequeno porte

O Estado brasileiro entende que a disciplina e o cuidado relativos às microempresas e às empresas de pequeno porte têm relevância ímpar, pois representam uma parcela significativa de nossa economia. Assim, é deveras importante analisar como o Estado protege referidas empresas.

Analisaremos, neste capítulo, como ocorre esse tratamento, descortinando o regime especial de recuperação judicial como um procedimento facilitador para esse fim; do mesmo modo, um plano especial de recuperação e, ainda, o tratamento dado pelo legislador da Lei n. 14.112, de 24 de dezembro de 2020, para o produtor rural, com as mesmas possibilidades das microempresas e empresas de pequeno porte (Brasil, 2020).

— 4.1 —
Noções gerais

A Emenda Constitucional n. 42, de 19 de dezembro de 2003, tratou de vários assuntos pertinentes ao desenvolvimento econômico do país:

- inseriu normativas tributárias;
- dispôs novas funções para o Senado;
- implantou a anterioridade nonagesimal;
- determinou novas formas de distribuição de receitas;
- previu a proteção, mediante legislação específica, a setor específico da economia (Brasil, 2003).

Esse setor específico da economia é um sistema de proteção às microempresas e às empresas de pequeno porte. Nesse sentido, foram criados vários mecanismos de desenvolvimento e fomento para a consecução do desejo do legislador derivado constitucional, que era tirar da informalidade milhares de microempreendimentos e pequenos empreendimentos e incentivá-los, assegurando-lhes a livre concorrência e a livre-iniciativa, com acesso a sistemas de microcréditos e tratamento tributário próprio.

A ideia era dar tratamento diferenciado aos pequenos empreendimentos empresariais e, naquele cenário econômico de 2003, funcionaria como uma forma de retirar da informalidade algumas microempresas, inserindo-as em um sistema unificado de tributo. E, como contrapartida para o Estado, distribuiria uma maior arrecadação, ainda que de forma indireta, para as pessoas políticas, especialmente os municípios, garantindo acesso aos recursos tributários que outrora não tinham como aceder.

A teleologia inserida na Emenda Constitucional n. 42/2003, no que diz respeito à ideia de desenvolver a economia do país por intermédio de um sistema de benefícios fiscais para as microempresas e empresas de pequeno porte, foi levada a efeito após a edição da Lei Complementar n. 123, de 14 de dezembro de 2006 (Brasil, 2006).

Por seu turno, a Lei Complementar n. 123/2006 criou critérios para que as empresas possam almodar-se no regime por ela definido. Assim, o legislador ordinário complementar determinou que o que define a categoria da empresa – de micro ou pequeno porte – é sua **receita bruta**.

Vale dizer, tudo aquilo que a empresa gera economicamente durante um ano e, ainda, de acordo com o art. 12 do Decreto-Lei n. 1.598, de 26 dezembro de 1977, com redação dada pela Lei n. 12.973, de 12 de maio de 2014, configura-se como receita bruta:

> (i) o produto da venda de bens nas operações de conta própria;
>
> (ii) o preço da prestação de serviços em geral;
>
> (iii) o resultado auferido nas operações de conta alheia (aqueles obtidos pela venda de produtos ou mercadorias pertencentes a terceiros, mediante o pagamento de comissão);
>
> (iv) as receitas da atividade ou objeto principal da pessoa jurídica não compreendidas nos itens I a III (Brasil, 1977; 2014a).

De acordo com o art. 3º da Lei Complementar n. 123/2006, reputa-se como **microempresa** aquela que aufere receita bruta anual até R$ 360.000,00 (trezentos e sessenta mil reais) e como **empresa de pequeno porte** aquela que aufere receita bruta anual de até R$ 4.800.000,00 (quatro milhões e oitocentos mil reais).

Registramos que, embora não seja o objeto deste livro, o critério utilizado para qualificar as empresas em microempresa e empresa de pequeno porte não é o ideal, pois a receita bruta não espelha, de modo fidedigno, o tamanho do empreendimento.[1]

---

1   As complexidades de todas as operações que as empresas realizam não se medem pela sua receita bruta, mas de acordo com negócios jurídicos realizados e seus resultados.

Caracterizadas as empresas, e estas aderindo a esse sistema, haverá um modo simplificado de recolhimento de vários tributos pela reunião de várias hipóteses tributárias em um único modo de cobrança: IRPJ, CSLL, PIS/Pasep, Cofins, IPI, ICMS, ISS e a Contribuição para a Seguridade Social destinada à Previdência Social a cargo da pessoa jurídica (CPP).

O benefício de aderir a essa sistemática reside no fato de que todos esses tributos referidos terão uma mesma alíquota, variando de acordo com sua base de cálculo (receita bruta) e implicando, necessariamente, a economia de tributos para as empresas que a esse sistema se sujeitam.

Também é preciso fazer referência, deveras importante aqui, de que, sob o enfoque dos entes federados, é na massificação da arrecadação que os recursos aumentam, pois é preferível receber algo a não receber nada, ainda que implique, sob o aspecto da coletividade na prática individual da arrecadação dos contribuintes, das padronizações e das presunções, uma redução de tributos.

Consignamos que, efetivamente, da perspectiva das empresas, a economia de tributos é significativa, pois a reunião de vários tributos em um único é sinônimo de impacto financeiro menor. Para o Fisco, há significativa melhora em sua arrecadação na ordem de, aproximadamente, 20%.

Nada obstante essa percepção de ganho tributário para empresas e estados, a atividade empresarial continua a implicar riscos para seu prosseguimento, pois os tributos representam parte da engrenagem que move as empresas.

Mesmo se tratando de microempresas e empresas de pequeno porte, que, em tese, teriam menor complexidade na atuação de mercado, os impactos do mercado são sofridos da mesma maneira. Ciente disso, o legislador criou um mecanismo de soerguimento mais simplificado e célere para que essas atividades voltem a respirar, bem como mecanismos de tratamento diferenciado quando essas empresas têm falência decretada.

Entendeu o legislador que esse setor específico da economia é, absolutamente, imprescindível para a sociedade como um todo, pois conta com mais de 17 milhões de pequenos negócios. Natural, então, que o Estado proteja essa massa de interesses dos mais diversos.

Os mecanismos postos à disposição das microempresas e empresas de pequeno porte serão estudados nos próximos itens.

— 4.2 —
Regime especial de recuperação judicial

O empresário e a sociedade empresária, pessoas que estão sujeitas à aplicabilidade da Lei n. 11.101, de 9 de fevereiro de 2005 – Lei de Falência e Recuperações (LFR) – e que estejam incluídas na caracterização de microempresa e empresa de pequeno porte, podem servir-se do regime especial de recuperação judicial.

Para tanto, necessitam preencher, tal qual na recuperação judicial ordinária, requisitos mínimos, os mesmos previstos no art. 48 da Lei n. 11.101/2005, cuja inteligência diz que pode requerer recuperação judicial o devedor que, no momento do pedido, exerça regularmente suas atividades há mais de dois anos e que atenda aos seguintes requisitos, cumulativamente:

a. não ser falido, e, se o foi, que estejam declaradas extintas, por sentença transitada em julgado, as responsabilidades daí decorrentes;
b. não ter, há menos de cinco anos, obtido concessão de recuperação judicial;
c. não ter, há menos de cinco anos, obtido concessão de recuperação judicial com base no plano especial;
d. não ter sido condenado ou não ter, como administrador ou sócio controlador, pessoa condenada por qualquer dos crimes previstos na LFR.

Esse regime especial de recuperação judicial tem como objetivo facilitar o procedimento de recuperação, a fim de torná-lo mais ágil, célere e eficaz, tal qual é a sistemática tributária desse setor.

Assim, o legislador acaba por reduzir formas e procedimentos cujo custo pode impactar, negativamente, o processo de recuperação, como a realização de assembleias de credores e a nomeação de comitê de credores, fazendo com que o juiz seja o principal condutor desse regime.

Uma vez escolhido esse caminho, o devedor deve manejar seu requerimento ao juiz competente, que será, de acordo com o art. 3º da LFR, o do principal estabelecimento onde desenvolve suas atividades, contendo exposição concreta das causas que o encaminharam a essa situação patrimonial, levantamento contábil para instruir o pedido e demonstração da viabilidade econômica da empresa, bem como apresentação da relação completa dos credores e suas naturezas jurídicas, entre outros documentos necessários para que o juiz possa aferir a viabilidade financeira do devedor em crise.

Importante é ressaltar que esse sistema de recuperação não é obrigatório, sendo, na verdade, uma faculdade das microempresas e empresas de pequeno porte. Na dicção do parágrafo 1º do art. 70 da LFR, resta assim consignado: "As microempresas e as empresas de pequeno porte, conforme definidas em lei, poderão apresentar plano especial de recuperação judicial, desde que afirmem sua intenção de fazê-lo na petição inicial" (Brasil, 2005).

Note-se que o termo *poderão* indica a não obrigatoriedade de submissão a esse regime, confirmada pela parte final do referido parágrafo, que determina que o devedor deve consignar sua intenção na petição inicial.

Embora a disciplina da recuperação especial não siga a mesma lógica da recuperação dita normal, é possível afirmar que há uma semelhança em relação à fase postulatória da recuperação judicial, uma vez que, com o deferimento da petição inicial apresentada ao juiz e o pedido de processamento sendo deferido, será aberto o prazo de 60 dias para a apresentação do plano especial de recuperação, nos termos do art. 71 da LFR, encerrando, do mesmo modo que a recuperação ordinária, a fase postulatória.

Entretanto, não existe uma fase deliberativa propriamente dita no procedimento especial, sendo o juiz quem concederá a recuperação judicial se o plano especial atender às exigências da lei.

É importante fazer um pequeno acertamento com relação aos prazos previstos ao longo da Lei de Falências. A redação originária da Lei n. 11.101/2005 previa que se aplicava o processo civil aos procedimentos previstos nessa lei. Ocorre que o Código de Processo Civil (CPC) – Lei n. 13.105, de 16 de março de 2015 – separa o cômputo dos prazos de duas maneiras: em dias úteis, se processuais, e em dias corridos, se materiais (Brasil, 2015). Assim, a aplicabilidade dos prazos, de acordo com a interpretação subsidiária do CPC vigente, contava-se em dias úteis até o advento da Lei n. 14.112/2020.

Agora, de acordo com o inciso I do parágrafo 1º do art. 189 da LFR, todos os prazos previstos por ela serão contados em dias corridos.

Esse alerta tem intenção de evitar perda de prazos processuais, pois prazos em dias corridos são mais curtos que dias úteis.

É preciso não confundir com o processamento de recuperação ordinária no que tange à nomeação do administrador judicial, que somente será nomeado em caso de julgamento de improcedência da recuperação especial e que implica a decretação da falência. Sua atuação na recuperação especial fica restrita à fiscalização da aplicação do plano especial, bem como à manifestação sobre aumento de despesas do devedor ou contratação de empregados.

As ações e execuções movidas por créditos não abrangidos pelo plano não serão suspensas e terão fluência os prazos prescricionais dos referidos créditos.

— 4.3 —
Plano especial

A principal característica do plano de recuperação especial é que sua forma e seus prazos derivam da lei, razão pela qual o devedor precisa modular seus interesses de acordo com o quadro desenhado pelo legislador.

Por sua vez, o plano de recuperação ordinária tem característica de poder realizar não apenas questões que são advindas da dívida, mas que têm relação à estrutura e ao comando da atividade empresarial. No plano geral, chega até mesmo a poder ser alterado o modelo societário adotado originalmente e, ainda, aumentar o capital social e substituir total ou parcialmente seus administradores, entre outras possibilidades, pois o art. 50 da LFR é de rol exemplificativo.

Para elaborar o plano especial de recuperação, é preciso levar em consideração as condições elencadas nos incisos do art. 71 da LFR, as quais veremos uma a uma.

A **primeira condição** imposta pela lei para a adoção desse regime é que serão abrangidos todos os créditos existentes na data do pedido, ainda que não vencidos. Essa foi uma mudança significativa do esvaziado regime de recuperação judicial especial, anterior à edição da Lei Complementar n. 147, de 7 de agosto de 2014, pois limitava, exclusivamente, os créditos quirografários como passíveis de recuperação especial (Brasil, 2014b). Os créditos quirografários constituem-se, basicamente, de créditos residuais que, muitas vezes, não significavam a real dimensão do desequilíbrio financeiro da empresa, pois estavam de fora dessa abrangência outros créditos importantes.

O que a nova lei não mudou foram as exceções que já, anteriormente, eram previstas.

Os primeiros excetuados são os créditos decorrentes de repasse de recursos oficiais, pois se trata de bens públicos e que, geralmente, vêm rubricados para a aplicação específica da qual o recurso é oriundo.

Os segundos créditos excetuados são os fiscais, uma vez que apresentam natureza jurídica de bem público indisponível, que são coerentes também como créditos excetuados da recuperação judicial ordinária. O tributo é obrigação *ex lege* e, nessa condição, não é possível colher manifestação da vontade capaz de promover os parcelamentos no plano especial previstos, pois tais parcelamentos somente decorrem de autorização legal.

Os terceiros créditos excetuados correspondem a credor titular da posição de proprietário fiduciário de bens móveis ou imóveis, de arrendador mercantil, de proprietário ou promitente vendedor de imóvel cujos respectivos contratos contenham cláusula de irrevogabilidade ou irretratabilidade, inclusive em incorporações imobiliárias, ou de proprietário em contrato de venda com reserva de domínio. Tais créditos são protegidos da recuperação judicial especial em razão de que o legislador quis aumentar a garantia de tais negócios jurídicos, impedindo que sejam parcelados e com carência de 180 dias para que se tenha menor custo de concessão de crédito nessas operações, pois, quanto maior for a garantia, menor será o risco e, consequentemente, menores serão os custos.

Os quartos créditos excetuados são os provenientes da importância entregue ao devedor, em moeda corrente nacional, decorrente de adiantamento a contrato de câmbio para exportação, conforme preleciona o parágrafo 4º do art. 49 da LFR. Essa exceção existe para outorgar segurança jurídica às operações tão relevantes para a economia brasileira de câmbio para exportação, especialmente, em se tratando de adiantamento.

O plano ainda prevê, como **segunda condição**, o parcelamento em até 36 parcelas mensais, iguais e sucessivas, acrescidas de juros equivalentes à taxa Sistema Especial de Liquidação e de Custódia (Selic), podendo conter, ainda, a proposta de abatimento do valor das dívidas. É aqui que reside a modulação dos interesses das microempresas e empresas de pequeno porte, pois há de se equalizar a dívida dentro dessas possibilidades, ou seja, reduzir valor de face, parcelando-a em três anos, o que significa um imenso fôlego financeiro para a atividade empresarial.

Com relação à data da carência para o início do pagamento desse parcelamento previsto no plano, a lei determina que o prazo será de 180 dias, contado da distribuição do pedido de recuperação judicial. Necessário é destacar que não se trata de pagamento da primeira parcela **em** 180 dias, mas pagamento da primeira parcela **até** 180 dias da distribuição do pedido, pois, entre a distribuição do pedido e seu deferimento, existe um espaço temporal e, ainda, o devedor dispõe de 60 dias para apresentar o plano. Assim, esse prazo é modulado de acordo com as peculiaridades do processo.

Entendemos que, sob uma perspectiva ideal, quando da distribuição do pedido de recuperação especial, o plano deve estar pronto ou em vias de justamente aproveitar-se da carência prevista em lei.

Como **terceira condição**, a lei reduz o âmbito de gerência da atividade empresarial. Não a impede, mas a limita, pois o plano estabelece a necessidade de autorização do juiz, após ouvido o administrador judicial e o comitê de credores, para o devedor aumentar despesas ou contratar empregados.

Isso ocorre para evitar decisões gerenciais que podem contaminar o bom andamento do regime de recuperação especial. Vale dizer que, sempre que houver a necessidade de aumentar despesas ou contratar empregados que implicariam impacto econômico direto na atividade empresarial, o administrador judicial e o comitê são ouvidos e o juiz autoriza – ou não – os encargos.

Como pudemos observar, há, efetivamente, uma preocupação do legislador em proteger a atividade empresarial, desde setor específico da economia. As condições impostas pela lei não são de difícil configuração, pois a Lei Complementar

n. 147/2014 acaba por ampliar o alcance e, consequentemente, afastar-se da falecida concordata quando aumenta a abrangência dos créditos.

Contudo, é possível mais. O plano especial de recuperação judicial não prevê eventuais parcelamentos de créditos tributários que poderiam tornar ainda mais eficaz a recuperação, pois é consabido que os tributos, ainda que em regime simplificado, constituem importante carga nos custos da empresa e podem até mesmo conduzi-la à insolvência.

— 4.4 —
Produtor rural inserido pela Lei n. 14.112/2020

Em 24 de dezembro de 2020, fora publicada a Lei n. 14.112/2020, que trouxe significativas mudanças nos procedimentos falimentares e recuperacionais. Entrou em vigor no dia 25 de janeiro de 2021, por força do art. 7º da mesma lei.

Uma das formas de proteção da atividade econômica organizada é a adoção do regime de registro de empresas, que tutela a separação patrimonial entre as pessoas naturais componentes daquela pessoa jurídica, que implica criação de uma ficção jurídica consubstanciada na ideia de sociedade empresária.

Desse modo, de acordo com o art. 45 do Código Civil – Lei n. 10.406, de 10 de janeiro de 2002 –, uma vez registrada no órgão competente, nasce a personalidade jurídica, que pode, em sendo adotadas modalidades de responsabilidade, blindar o patrimônio dos sócios da sociedade (Brasil, 2002). O próprio Código Civil, em seu art. 982, separa a atividade empresária da atividade simples, reputando como empresária aquela que tem por objeto o exercício de atividade própria de empresário e como simples as demais.

Uma questão que surge é se o produtor rural goza do *status* de empresário ou de atividade simples, pois o art. 971 do Código Civil não resolve essa questão ao dispor que o empresário, cuja atividade rural constitua sua principal profissão, pode requerer inscrição no Registro Público de Empresas Mercantis da respectiva sede, caso em que, depois de inscrito, ficará equiparado, para todos os efeitos, ao empresário sujeito a registro.

Tal dispositivo indica que é uma faculdade do produtor rural submeter-se à inscrição no registro público de empresas mercantis, mas, uma vez nele inserido, será reputado como empresário.

Destacamos, como já dito em outra obra escrita por este autor, que a incidência da Lei de Falências é reservada para atividades empresárias que, por mais redundante que isso possa parecer, podem causar certa confusão com as atividades societárias simples, as quais não se submetem ao regime falencial (Guieseler Junior, 2021). A aplicabilidade da Lei de Falências somente em atividades empresárias deriva da situação peculiar das sociedades simples, que não têm por objeto o exercício de atividade própria de empresário sujeito a registro por força do art. 982 do Código Civil.

Portanto, o produtor rural que pode figurar nas regras da Lei n. 11.101/2005 e, por conseguinte, pode requerer recuperação judicial, seja especial, seja ordinária, é aquele devidamente registrado no órgão competente.

O legislador inovou e incluiu o art. 70-A na LFR, cuja dicção é: "o produtor rural poderá apresentar plano especial de recuperação judicial desde que o valor da causa não exceda a R$ 4.800.000,00 (quatro milhões e oitocentos mil reais)" (Brasil, 2005). Com isso, o legislador possibilitou que o produtor rural, cuja conexão com as microempresas e pequenas empresas está no valor máximo da causa, ampliasse, para também poder recuperar-se, no modelo especial, esse tão importante atividade econômica.

Para fins de comprovação do prazo de dois anos de atividade regular, o produtor rural pode servir-se do previsto no parágrafo 3º do art. 48 da LFR, que prescreve que, para a comprovação do prazo estabelecido, o cálculo do período de exercício de atividade rural por pessoa física é feito com base no Livro Caixa Digital do Produtor Rural (LCDPR), ou por meio de obrigação legal de registros contábeis que venha a substituir o LCDPR, e pela Declaração do Imposto sobre a Renda da Pessoa Física (DIRPF) e balanço patrimonial, todos entregues tempestivamente.

Capítulo 5

Recuperação extrajudicial

O legislador brasileiro permite que a iniciativa de recuperação possa passar pelos credores antes de se submeter ao juízo. É a chamada *recuperação extrajudicial*, cujo conteúdo desdobraremos neste capítulo, abordando os créditos admitidos nessa modalidade, os não aderentes, a elaboração de planos de recuperação de modo individual ou coletivo e, ainda, o rito da recuperação extrajudicial.

— 5.1 —
Noções gerais

A recuperação extrajudicial é uma espécie de renegociação das dívidas da empresa devedora; em princípio, fora das vias judiciais. Nesse cenário, o devedor pode renegociar diretamente com seus credores, bem como com eles elaborar um acordo, o qual pode ser levado ao Judiciário para homologação.

As principais vantagens da recuperação extrajudicial são, sem dúvida, a celeridade e o custo mais acessível se comparado ao custo da recuperação judicial. Com menos burocracia, as pequenas, médias e grandes empresas e também os credores privados serão atendidos de modo mais célere, ocasionando, dessa forma, uma otimização da função inerente ao instituto da recuperação de empresas.

Além disso, a recuperação extrajudicial não depende da unânime aceitação dos credores. Nessa modalidade, basta que alguns dos credores concordem com o plano. Se, por acaso, isso ocorrer, seu cumprimento será obrigatório para todos, inclusive para os que não aceitaram o acordo proposto, cujos detalhes veremos adiante.

Para corroborar esse entendimento é que positivou o legislador, expressamente, pela inteligência do art. 161 e dos seguintes da LFR, a possibilidade de o devedor que cumprir os requisitos legais propor e negociar, diretamente, com seus credores, um plano de recuperação extrajudicial.

É preciso fazer uma advertência com relação à nomenclatura utilizada de recuperação "extrajudicial". A sensação que se tem é que não haverá participação do juiz nos procedimentos previstos nessa modalidade, pois o prefixo *extra-* significa "fora". Assim, o correto é desvendar a real intenção do legislador ao denominar a recuperação de *extrajudicial*, uma vez que, seguramente, não teve a intenção de deixar de "fora" procedimento relevante de soerguimento de empresa.

A ideia do legislador não tem correlação com o procedimento externo ao Judiciário. Relaciona-se tão somente com a iniciativa da apresentação do plano de recuperação: o plano apresentado ao juiz – para posterior deliberação dos credores – é recuperação judicial; o plano apresentado aos credores e, posteriormente, apresentado ao juiz – para que este o homologue – é recuperação extrajudicial.

Como vimos, há sim um momento em que a recuperação fica "fora" do juízo, mas, para que surta seus efeitos jurídicos, deve ter a chancela do Judiciário, a teor do que prevê o art. 165 da Lei

n. 11.101/2005, com a possibilidade de o plano estabelecer efeitos anteriores à homologação, os quais ainda deverão ser confirmados pelo juiz.

Portanto, o critério que define se a recuperação será **extrajudicial** ou **intrajudicial** é a iniciativa de apresentação do plano de recuperação, pelo devedor, diretamente, aos credores ou, diretamente, ao juiz.

Vencida a questão da nomenclatura, ressaltamos a importância da utilização do plano de recuperação extrajudicial pelos devedores e sua amplitude com a edição da Lei n. 14.112/2020. O legislador vislumbrou a possibilidade de determinados e específicos créditos de um devedor em crise, embora tenham potencial poder de inviabilizar a atividade econômica desenvolvida, poderem ser negociados, em razão de sua natureza, diretamente, com os credores para equalizar a viabilidade financeira daquela empresa considerada.

Contudo, essa não é uma via aberta para todos os devedores. Há de se observar o preenchimento dos requisitos do art. 48 da LFR, o qual determina ser necessário que o devedor:

a. exerça regularmente suas atividades há mais de dois anos;
b. não seja falido, e, se o tenha sido, estejam declaradas extintas, por sentença transitada em julgado, as responsabilidades daí decorrentes;
c. não tenha, há menos de cinco anos, obtido concessão de recuperação judicial;

d. não tenha, há menos de cinco anos, obtido concessão de recuperação judicial com base no plano especial;

e. não tenha sido condenado ou não ter, como administrador ou sócio controlador, pessoa condenada por qualquer dos crimes previstos na LFR.

Preenchidas as condições do art. 48 da LFR – que também são requisitos para a recuperação judicial e para a recuperação judicial especial –, necessária se faz uma análise circunstancial da atividade empresarial desenvolvida, pois há uma vedação prevista no parágrafo 3º do art. 161 da LFR, ou seja, o devedor não pode requerer a homologação de plano extrajudicial se estiver pendente pedido de recuperação judicial ou se houver obtido recuperação judicial ou homologação de outro plano de recuperação extrajudicial há menos de dois anos.

A razão disso é evitar a banalização do instituto em detrimento do sacrifício de os credores, que não terão alternativa a depender da modalidade da recuperação extrajudicial, sujeitarem-se às imposições do plano apresentado. Nesse ponto, andou bem o legislador no intuito de proteger não somente o devedor, mas também os credores.

O objetivo do princípio da *pars condictio creditorum*, cuja teleologia é dar condições igual aos credores, é propiciar um tratamento diferenciado com relação aos credores não abrangidos pelo plano com relação à fluência de prazos e ao eventual pedido de falência. É a inteligência do parágrafo 4º do art. 161 da

LFR, o qual dispõe que "o pedido de homologação do plano de recuperação extrajudicial não acarretará suspensão de direitos, ações ou execuções, nem a impossibilidade do pedido de decretação de falência pelos credores não sujeitos ao plano de recuperação extrajudicial" (Brasil, 2005). Preserva-se, assim, a equidade entre os credores, na medida em que não se retiram direitos daqueles que não aderiram ao plano.

Outro aspecto importante diz respeito a eventuais desistências pós-adesão ao processamento da recuperação extrajudicial. O plano de recuperação extrajudicial envolve uma coletividade e surte efeitos nas relações jurídicas do devedor. Com essas premissas, há a impossibilidade de desistência da adesão do plano, depois de distribuído o pedido de homologação pelos credores. É uma forma de atribuir estabilidade àquilo que foi deliberado em coletividade e outorgar segurança jurídica para os que, com aquela empresa, contratam e acreditam na proposta apresentada pelo devedor.

Contudo, ainda que colhida a adesão, se qualquer credor quiser, ainda assim, desistir, deve colher a anuência dos que, ao plano, aderiram. É a expressão máxima da coletividade e derivada do espírito democrático. A lei retira a livre manifestação de vontade na adesão ao plano, mas limita a desistência. A razão é bem simples. A recuperação extrajudicial é uma lógica coletiva, e seu sucesso depende da proatividade dessa mesma coletividade. Assim, os demais credores devem autorizar a desistência se esta não for determinante para o sucesso da recuperação, ou seja, deve-se analisar o impacto econômico da retirada desse credor ante a coletividade.

A adesão ao plano de recuperação extrajudicial confere aos credores um título executivo judicial após a sentença de homologação, a teor do parágrafo 6º do art. 161 da LFR. Esse é um aspecto muito importante na decisão dos credores aderentes ao plano, pois é possível – a depender do impacto econômico na empresa recuperanda – que aquele crédito que se permitiu a retirada possa contaminar toda a recuperação.

Ressaltamos que o fato de outorgar essa qualidade ao crédito (título executivo judicial) representa, também, uma forma de reduzir consideravelmente o tempo de tramitação de um processo que busca, pelas vias ordinárias, a atribuição de certeza, liquidez e exigibilidade próprias desse título. Vale dizer: o credor terá em mãos um documento (sentença homologatória) sem a necessidade de se submeter a um moroso e complexo processo de conhecimento, no qual haveria a necessidade de se produzirem provas com a oitiva de testemunhas, análise documental, entre outras providências.

Desse modo, não restam dúvidas de que o caminho para a satisfação do crédito, após a sentença homologatória, torna-se mais célere e eficaz, pois as ferramentas de uma tutela de cumprimento de sentença são mais contundentes na busca da referida satisfação do crédito.

Após essa análise da formação do título executivo judicial, outra questão que surge é a possibilidade de optar por duas formas de recuperação extrajudicial, quais sejam:

1. a recuperação extrajudicial com efeitos individuais, prevista no art. 162 da LFR, que prescreve que o devedor pode requerer a homologação em juízo do plano de recuperação extrajudicial, juntando sua justificativa e o documento que contenha seus termos e suas condições, com as assinaturas dos credores que a ele aderiram.
2. a recuperação extrajudicial com efeitos coletivos, ou seja, de acordo com o art. 163 da LFR, é possível ao devedor requerer a homologação de plano de recuperação extrajudicial que obriga todos os credores por ele abrangidos, desde que seja assinado por credores que representem mais da metade dos créditos de cada espécie abrangidos pelo plano de recuperação extrajudicial. Ambos os procedimentos serão analisados a seguir.

A **recuperação extrajudicial com efeitos individuais** é aquela em que o devedor negocia com apenas alguns credores específicos e obtém a adesão desses credores; e, após justificativa, o juiz a homologa para que surta seus efeitos. Essa modalidade reduz o âmbito de incidência dos efeitos de cada crédito negociado apenas para aqueles credores aderentes. Sua utilização justifica-se pela simplicidade de seu rito e pela necessidade de colher anuência somente de quem adere.

A **recuperação extrajudicial com efeitos coletivos**, também denominada de *por classe de credores* ou, ainda, *recuperação impositiva*, é aquela modalidade em que os efeitos de aprovação serão oponíveis a toda a coletividade de credores em espécie atingidos pelo plano. Portanto, se obtido determinado quórum de adesão àquele plano, aos demais credores, ainda que não tenham aderido, serão impostas as condições no plano aprovadas. É o que diz o parágrafo 1º do art. 163 da LFR.

Note-se que o plano pode abranger a totalidade de uma ou mais espécies de créditos previstos no art. 83, incisos II (créditos com garantia real), IV e V (créditos com privilégio geral e especial, mas tais incisos foram revogados pela Lei n. 14.112/2020), VI (créditos quirografários) e VIII (créditos subordinados) do *caput*, da LFR, ou grupo de credores de mesma natureza e sujeito a semelhantes condições de pagamento. Uma vez homologado, obriga à submissão todos os credores das espécies por ele abrangidas, exclusivamente em relação aos créditos constituídos até a data do pedido de homologação. Desse modo, uma vez aprovado o plano, a universalidade de credores daquela classe será atingida pelos seus efeitos e pelas suas condições.

No entanto, é preciso advertir que é necessário preencher determinadas condições para essa imposição que o plano carrega. Uma dessas imposições é que não serão considerados, para fins de apuração do percentual previsto na lei, os créditos não incluídos no plano de recuperação extrajudicial, os quais não poderão ter seu valor ou suas condições originais de pagamento alteradas, vale dizer, a força obrigatória do plano para a universalidade não leva em conta os créditos que a lei não permite recuperar, cuja análise realizaremos mais adiante neste capítulo.

Vale ressaltar que houve uma alteração no percentual necessário para a aprovação do plano. A redação originária do *caput* do art. 163 da LFR previa a aprovação de 3/5 da espécie de crédito por ele abrangidos, ou seja, 60% do total. A Lei n. 14.112/2020 mudou a métrica desse cômputo e estabeleceu que será aprovado o plano que tenha mais da metade da totalidade, ou seja, maioria.

Ainda é preciso lembrar que, na apuração desse percentual, algumas circunstâncias devem ser observadas. A primeira delas é que o crédito em moeda estrangeira será convertido para moeda nacional pelo câmbio da véspera da data de assinatura do plano, em razão da equalização dos valores – todos em moeda nacional – para atingir o percentual e para evitar a flutuação do câmbio da moeda. A segunda observação é que não serão computados os créditos detidos pelas pessoas relacionadas no art. 43[1] da LFR, pois isso seria como uma aprovação do plano por quem o está apresentando, sendo, portanto, fora da razoabilidade.

A terceira observação que pode impedir eventual levantamento de recursos para o cumprimento do plano apresentado

---

1 "Art. 43. Os sócios do devedor, bem como as sociedades coligadas, controladoras, controladas ou as que tenham sócio ou acionista com participação superior a 10% (dez por cento) do capital social do devedor ou em que o devedor ou algum de seus sócios detenham participação superior a 10% (dez por cento) do capital social, poderão participar da assembleia-geral de credores, sem ter direito a voto e não serão considerados para fins de verificação do quórum de instalação e de deliberação" (Brasil, 2005).

é a exigência de aprovação expressa do credor titular de garantia real. Portanto, o parágrafo 4º do art. 163 da LFR determina que, na alienação de bem objeto de garantia real, a supressão da garantia ou sua substituição somente serão admitidas mediante a aprovação expressa do credor titular da respectiva garantia. A justificativa para essa exigência é a proteção dos credores detentores de garantia real de que podem outorgar crédito mais acessível, com menos custos ante a redução dos riscos. Ao menos essa é a teleologia, mas sabemos que isso não ocorre efetivamente.

Uma vez respeitadas essas circunstâncias, o credor pode, então, aforar seu pedido de homologação do plano com as assinaturas dos que aderiram a seus termos e suas condições, juntando com a inicial:

a. uma exposição da situação patrimonial do devedor;
b. as demonstrações contábeis relativas ao último exercício social e as levantadas especialmente para instruir o pedido;
c. os documentos que comprovem os poderes dos subscritores para novar ou transigir relação nominal completa dos credores, com a indicação do endereço de cada um, a natureza, a classificação e o valor atualizado do crédito, discriminando sua origem, o regime dos respectivos vencimentos e a indicação dos registros contábeis de cada transação pendente.

Uma importante advertência se faz no sentido de alertar que o quórum de aprovação do plano (maioria) não precisa ser obtido como indispensável para a propositura do pedido, pois a

LFR, no parágrafo 7.º do art. 163, prevê a possibilidade de fazer o pedido de homologação com 1/3 de todos os credores de cada espécie por ele abrangidos.

O devedor então, de posse de 33,3% de créditos aprovados, no prazo de 90 dias corridos e improrrogáveis da data do pedido, assumirá o compromissão de obter o quórum definitivo da maioria para a homologação do plano. O legislador andou muito bem ao prever essa possibilidade de apresentação nesse prazo, pois teve como norte a consciência de que, muitas vezes, o processo de negociação dessa natureza demanda um tempo de amadurecimento para a adesão do credor.

Ainda nesse espírito – de soerguer a empresa –, o legislador também abriu a via da recuperação judicial durante o período de obtenção de quórum dos demais credores. É uma forma de, apesar de insucesso na recuperação extrajudicial, aproveitar-se o processo distribuído para convertê-lo em recuperação judicial com seu objeto mais amplo, como já pudemos perceber.

Uma vez iniciada a recuperação nessa modalidade, alguns atos devem começar a produzir efeitos, especialmente visando estabilizar a viabilidade financeira e econômica da empresa. Desse modo, serão operadas:

a. a suspensão do curso da prescrição das obrigações do devedor;
b. a suspensão das execuções ajuizadas contra o devedor, inclusive daquelas dos credores particulares do sócio solidário,

relativas a créditos ou obrigações sujeitos à recuperação judicial ou à falência;
c. a proibição de qualquer forma de retenção, arresto, penhora, sequestro, busca e apreensão e constrição judicial ou extrajudicial sobre os bens do devedor, oriunda de demandas judiciais ou extrajudiciais sujeitos ao plano.

Essas ordens devem ser emanadas pelo juízo da recuperação somente se ele constatar o atingimento do quórum de 33,3% dos créditos específicos e somente com relação a estes.

Salientamos que a LFR deixa aberta a via de outras modalidades de negociação direta com os credores, não apenas as modalidades individuais ou coletivas, mas também qualquer outra forma que possa contribuir para o soerguimento da empresa.

— 5.2 —
Créditos admitidos

Sob um olhar mais apressado, parece-nos que a via da recuperação extrajudicial é a tábua de salvação da atividade empresarial, pois, como vimos, abre-se a via da negociação direta com os credores.

Entretanto, em uma análise mais detida, é preciso deixar claro que esta não é uma via que vai abranger a dívida existente como um todo, pois existem créditos que não estão sujeitos à recuperação, cujo rol veremos em tópico específico neste capítulo.

O que é de bom alvitre ressaltar é que a redação originária do parágrafo 1º do art. 161 da LFR não permitia a inclusão de créditos derivados da legislação do trabalho, pois o legislador, naquele momento, entendia que a hipossuficiência do trabalhador lhe retirava qualquer possibilidade de disposição sobre seu crédito trabalhista.

Como as relações sociais são dinâmicas e, constantemente, mudam de sinal, o legislador da Lei n. 14.112/2020 entendeu que a limitação era muito rígida e permitiu que fossem incluídos os créditos de natureza trabalhista e por acidentes de trabalho, desde que exista negociação coletiva com o sindicato da respectiva categoria profissional.

Portanto, houve uma ampliação da abrangência de credores na nova sistemática da recuperação extrajudicial, a qual pode contribuir para a manutenção da atividade empresarial, especialmente em razão da circulação de riquezas, geração de trabalho e tributos, entre outros efeitos socialmente importantes.

Registramos que o parágrafo 1º do art. 161 da LFR excetua da abrangência do plano alguns créditos, sobre os quais nos debruçaremos no tópico a seguir.

— 5.3 —
Créditos não aderentes

Como alertado no tópico anterior, a recuperação extrajudicial tem um brilho que encanta os olhos do devedor, pois parece permitir o soerguimento de sua atividade de maneira simples e eficaz. Nessa perspectiva, a recuperação extrajudicial tem, efetivamente, esse brilho, mas tal luz é somente para os créditos admitidos, pelo legislador, como recuperáveis.

Desse modo, o devedor em situação de crise deve, antes de tudo, analisar onde se concentram as maiores e mais relevantes dívidas que estão a lhe trazer dificuldades financeiras. Somente após essa análise é que pode ser deduzida, em juízo, a recuperação extrajudicial em suas modalidades.

O primeiro crédito excetuado é o de natureza tributária, que, como já dito alhures, é bem público indisponível. O tributo é obrigação *ex lege*, condição em razão da qual não é possível colher manifestação da vontade em aderir a plano de recuperação. Não é demais lembrar que créditos tributários podem ser parcelados, diretamente, com a Fazenda, de modo a suspender-se a exigibilidade deles, a teor do art. 151, inciso VI, do Código Tributário Nacional (CTN) – Lei n. 5.172, de 25 de outubro de 1966 (Brasil, 1966).

Os segundos créditos excetuados referem-se a credor titular da posição de proprietário fiduciário de bens móveis ou imóveis, de arrendador mercantil, de proprietário ou promitente vendedor de imóvel cujos respectivos contratos contenham cláusula de irrevogabilidade ou irretratabilidade, inclusive em incorporações imobiliárias, ou de proprietário em contrato de venda com reserva de domínio. Da mesma maneira que esses créditos não se submetem à recuperação judicial especial, há uma coerência com a natureza jurídica deles, pois, em sua proteção, o acesso ao crédito fica mais facilitado e garantido na eventualidade de uma recuperação extrajudicial.

Os terceiros créditos excetuados são os provenientes da importância entregue ao devedor, em moeda corrente nacional, decorrente de adiantamento a contrato de câmbio para exportação, conforme preleciona o parágrafo 4º do art. 49 da LFR. O credor que adiantou contrato de câmbio para exportação não pode ser surpreendido com pedido para recuperação extrajudicial.

Como vimos, o legislador da Lei n. 14.112/2020 acabou por ampliar o rol das possibilidades de recuperação extrajudicial, mas manteve alguns créditos de fora. Essa circunstância, embora legítima em razão das justificativas aqui apresentadas para cada crédito, poderia ser revisitada, ao menos com relação aos créditos tributários para cuja inadimplência, tal qual na recuperação judicial ordinária, seria possível criar um mecanismo de parcelamento facilitador.

— 5.4 —
Elaboração dos planos de recuperação extrajudicial individual e coletivo

Um dos pontos relevantes aos quais o devedor precisa estar muito atento diz respeito à elaboração do plano, pois sua matemática não é simples e demanda certos cuidados para sua adesão pelos credores e para sua homologação pelo juiz.

Um desses cuidados é evitar a contemplação de pagamento antecipado de dívidas e o tratamento desfavorável a credores que a ele não estejam sujeitos. Há de se analisar esse cuidado levando-se em consideração a modalidade de plano utilizada. No plano de recuperação extrajudicial individual – aquele que atinge específicos credores –, esse cuidado tem como norte as classes específicas por ele abrangidos. No plano de recuperação extrajudicial coletivo, embora possa significar uma imposição com relação àqueles que, de mesmas classes, não lhe aderem, o não pagamento antecipado de dívidas e o tratamento desfavorável não podem ser opostos aos credores excetuados.

Outra cautela é voltada especificamente para a situação que envolve a atividade de importação e exportação do devedor, pois, se os créditos a serem recuperados derivam dessas relações jurídicas, há a observância do parágrafo 5º do art. 163 da LFR, o qual prevê que, nos créditos em moeda estrangeira, a variação cambial só pode ser afastada se o credor titular do respectivo crédito aprovar expressamente previsão diversa no plano de recuperação extrajudicial.

Os termos e as condições que se preveem no plano de recuperação extrajudicial somente produzem efeitos após sua homologação judicial. Em primeiro lugar, porque a homologação judicial pode não ocorrer de forma automática para aquela situação de não obtenção de quórum inicial, quando se permite a obtenção do quórum e a conversão da recuperação extrajudicial em judicial.

Quanto aos efetivos e específicos efeitos dos termos e das condições que se preveem no plano, é possível que este estabeleça a produção de efeitos anteriores à homologação, desde que exclusivamente com relação à modificação do valor ou da forma de pagamento dos credores signatários.

Na hipótese do parágrafo anterior, os credores não correrão nenhum tipo de risco, pois, mesmo que produzam efeitos anteriores à homologação, caso o plano seja posteriormente rejeitado pelo juiz, devolve-se aos credores signatários o direito de exigir seus créditos nas condições originais, deduzidos os valores efetivamente pagos. Aqui está presente a noção já conhecida da produção de efeitos *ex tunc* e *ex nunc*, ou seja, a lei abre a possibilidade de modular os efeitos do plano de recuperação extrajudicial desde que respeitadas as condições impostas pelos parágrafos 1º e 2º do art. 165 da LFR.

O plano de recuperação extrajudicial pode envolver a necessidade de alienação de filiais ou de unidades produtivas como uma espécie de obtenção de recursos para a retomada financeira da atividade empresarial. Caso haja essa previsão, a alienação será judicial, nos moldes do art. 142 da LFR.

— 5.5 —
Rito da recuperação extrajudicial

A recuperação extrajudicial, de qualquer modalidade, tem ensimesmada a nota da simplicidade, pois o que o legislador deseja é que a recuperação extrajudicial signifique um modo mais expedito de soerguimento.

No que se refere ao seu rito, e por uma questão de coerência não poderia ser diferente, ele acontece de modo bastante célere, pois a já conhecida morosidade do Poder Judiciário não pode ser empecilho para a retomada da atividade econômica que se quer recuperar. Com essa premissa, o legislador previu, em um único artigo, as peculiaridades para a obtenção de homologação do plano de recuperação extrajudicial.

Ressaltamos que houve, com a Lei n. 14.112/2020, uma modificação da forma anterior com relação ao edital a ser publicado por ordem do juiz, para convocar os credores e apresentar suas impugnações quando recebido o pedido de homologação. Anteriormente, o edital era publicado no órgão oficial e em jornal de grande circulação. Agora, basta a publicação de edital eletrônico. É uma contemporização da realidade tecnológica da atualidade e seus meios eletrônicos.

O devedor precisa, no prazo do edital, comprovar o envio de carta a todos os credores sujeitos ao plano, domiciliados ou sediados no país, informando a distribuição do pedido, as condições do plano e o prazo para impugnação. Aqui se acentua a extrajudicialidade da recuperação, pois comumente as comunicações do processo são feitas pelo próprio Poder Judiciário.

Devidamente cientificado pela carta enviada pelo devedor, o credor terá, agora, prazo de 30 dias, contado da publicação do edital, para impugnar o plano, juntando a prova de seu crédito.

Tal impugnação tem objeto restrito, pois, se já colhidas as anuências dos credores, somente é possível alegar:

a. o não preenchimento do percentual mínimo previsto no *caput* do art. 163 da LFR;
b. a prática de qualquer dos atos previstos no inciso III do art. 94 ou do art. 130 da LFR, ou o descumprimento de requisito previsto na mesma lei;
c. o descumprimento de qualquer outra exigência legal.

O devedor pode manifestar-se sobre as eventuais impugnações apresentadas no prazo de 5 dias. Uma vez apresentada a manifestação ou decorrido tal prazo, os autos serão concluídos imediatamente ao juiz para apreciação de eventuais impugnações, o qual decidirá, no prazo de dias, acerca do plano de recuperação extrajudicial, homologando-o por sentença se entender que não implica prática de atos com potencial para promoção de ação revocatória ou outras irregularidades que recomendem sua rejeição. A atuação do juiz aqui é direcionada a analisar se o plano de recuperação judicial não extrapola a legalidade e se atende à retomada da viabilidade econômico-financeira da empresa, pois, havendo prova de simulação de créditos ou vício de representação dos credores que subscreverem o plano, a homologação será indeferida.

Esse pronunciamento judicial efetiva-se por sentença – em primeiro lugar, por constituir título executivo judicial em caso de homologação do plano e, em segundo lugar, para oportunizar eventual recurso cabível, qual seja: o recurso de apelação.

Na recuperação extrajudicial, diferentemente da recuperação judicial, em que o risco de convolação em falência é premente e constante, na hipótese de não homologação do plano, o devedor pode, se cumpridas as formalidades, apresentar novo pedido de homologação de plano de recuperação extrajudicial.

O rito, em tese, segue uma sistemática célere: especialmente, de acordo com a Lei n. 14.112/2020, os prazos correrão em dias corridos, justamente na tentativa de obter, o mais rápido possível, a atividade empresarial, viva e pulsante, por representar tão importantes direitos na sociedade.

Capítulo 6

*Convolação da
recuperação judicial*

O art. 73 da Lei n. 11.101, de 9 de fevereiro de 2005 – Lei de Falência e Recuperações – elenca as hipóteses de transformação superveniente de uma recuperação em falência (Brasil, 2005). Trata-se das hipóteses de convolação em falência. Vamos nos debruçar sobre as hipóteses de não apresentação do plano, de não aprovação do plano e de não execução do plano. Outras modalidades de convolação serão devidamente analisadas, quais sejam: (a) por deliberação da assembleia; (b) por descumprimento dos parcelamentos tributários ou da transação tributária; e, finalmente, (c) pelo esvaziamento patrimonial do devedor.

— 6.1 —
Noções gerais

Um dos grandes fantasmas da atividade empresarial é a perda da viabilidade econômica da empresa, que contaminará, por consequência, sua viabilidade financeira. Explica-se. A viabilidade econômica "está atrelada ao mercado em que atua a empresa considerada, ou seja, haverá viabilidade econômica se há espaço para o desenvolvimento da produção dos produtos ou serviços que a empresa oferece" (Guieseler Júnior, 2021, p. 35). Quer isso dizer que os empresários buscam no mercado o meio para ofertar seus produtos e serviços visando à procura por estes.

É, portanto, do equilíbrio entre oferta e procura que a atividade empresarial desenvolvida terá – ou não – viabilidade econômica, pois "mercado equilibrado" significa viabilidade financeira também equilibrada.

A viabilidade financeira, por sua vez, traduz-se na equalização do ativo e do passivo daquele empresário. Assim, as empresas terão viabilidade financeira quando o ativo for superior ao passivo, gerando, desse modo, lucros.

O fantasma dito alhures reside na perda desse cenário econômico e financeiro. Um dos modos de afastar esse fantasma é pela aplicação do princípio da preservação da empresa, por meio do qual, conforme já se viu em outro capítulo, há de se tentar manter a atividade empresarial incólume dessas incertezas do mercado, embora esta não seja tarefa das mais fáceis, tampouco obrigação do Estado.

No entanto, apesar de não obrigatória a intervenção do Estado nas empresas, em razão de todos os interesses que circundam uma atividade empresarial, surge, nesse cenário, a possibilidade de buscar o soerguimento da atividade empresarial mediante um processo de recuperação judicial, cuja teleologia é fazer ressurgir a viabilidade financeira da empresa, pois, como já dito em outro capítulo, uma empresa sem mercado não consegue soerguer-se.

Distribuído o pedido de recuperação judicial e tendo início a fase postulatória, surge outro fantasma: a **convolação da recuperação em falência**, que permanece latente em todas as demais fases da recuperação, cujas especificidades já vimos anteriormente.

A **convolação** é uma espécie de "pressão" exercida sobre o devedor para que este vença todas as fases da recuperação judicial e, com isso, possa permanecer no mercado.

Até a edição da Lei n. 14.112, de 24 de dezembro de 2020 (Brasil, 2020), havia quatro hipóteses de convolação da recuperação em falência. A novel legislação inseriu novas hipóteses, as quais serão descortinadas nos próximos tópicos.

— 6.2 —
Convolação pela não apresentação do plano

O devedor pode requerer recuperação judicial em duas hipóteses: a primeira, como uma modalidade de resposta a um pedido de falência, provocado por um devedor, a teor do que diz o inciso VII do art. 96 da Lei n. 11.101/2005. Nesae cenário, há, pairando sobre o devedor, a presunção de insolvabilidade que o pedido de falência carrega *per si*, ou seja, já há presente a situação identificada por um credor de insolvabilidade, ao menos, presumida; a segunda, quando o próprio devedor identifica a crise financeira pela qual atravessa e propõe, perante o juízo, o requerimento direto de sua recuperação judicial.

Assim, o passo seguinte necessário para que o devedor possa requerer em juízo a recuperação judicial – com base nessas duas hipóteses – é, antes de tudo, analisar se o devedor preenche as condições exigidas pelo art. 48 da Lei de Falências, quais sejam:

exercer regularmente suas atividades há mais de dois anos; não ser falido; não ter obtido concessão de recuperação judicial anterior há menos de cinco anos; tampouco ter sido condenado pelos crimes falimentares.

Preenchidas essas condições, abre-se a via da recuperação judicial, a qual deve seguir o rito já explorado em outro capítulo, o das chamadas "fases da recuperação judicial". Contudo, neste momento, a fase sob análise é a **postulatória**, ou seja, aquela em que tem início o requerimento judicial de recuperação.

Para vencer a fase postulatória e adentrar a fase deliberativa, necessário é o cumprimento de dois deveres do devedor, contidos na fase inicial: a devida instrução da petição inicial de recuperação e a apresentação do plano de recuperação judicial.

A petição inicial da recuperação, que é o documento hábil para instaurar a tentativa de soerguimento da atividade empresarial, deve conter:

- A exposição das causas concretas da situação patrimonial do devedor e das razões da crise econômico-financeira, com intuito de identificar a real dimensão patrimonial e o endividamento da empresa considerada.
- As demonstrações contábeis relativas aos três últimos exercícios sociais e as levantadas especialmente para instruir o pedido, confeccionadas com estrita observância da legislação societária aplicável e compostas obrigatoriamente de balanço patrimonial, demonstração de resultados acumulados, demonstração do resultado desde o último exercício

social, relatório gerencial de fluxo de caixa e de sua projeção e descrição das sociedades de grupo societário, de fato ou de direito, com a intenção de se ter um detalhamento contábil da empresa e, especialmente, identificar sua viabilidade econômico-financeira.

- A relação nominal completa dos credores, sujeitos ou não à recuperação judicial, inclusive aqueles por obrigação de fazer ou de dar, com a indicação do endereço físico e eletrônico de cada um, a natureza, conforme estabelecido nos arts. 83 e 84 da Lei de Falências, e o valor atualizado do crédito, com a discriminação de sua origem, e o regime dos vencimentos, a fim de que se possa operacionalizar a exata conexão com o plano de recuperação judicial.

- A relação integral dos empregados, em que constem as respectivas funções, os respectivos salários, as respectivas indenizações e outras parcelas a que têm direito, com o correspondente mês de competência e a discriminação dos valores pendentes de pagamento, pois, nesse ponto, o legislador pretende identificar o impacto nas relações de trabalho da empresa, com intuito de analisar eventual acordo ou convenção coletiva, previstos no plano.

Como o juiz é o destinatário da inicial e deve analisar o pedido de deferimento do processamento (art. 52 da Lei n. 11.101/2005), a inicial precisa conter, ainda:

- Certidão de regularidade do devedor no Registro Público de Empresas, o ato constitutivo atualizado e as atas de nomeação dos atuais administradores, para a finalidade de o juiz poder identificar a exata conformação do que prescreve o art. 48 da Lei de Falências, bem como a regularidade do desenvolvimento da atividade empresarial exercida há mais de dois anos.

- Com a intenção de identificar a capacidade patrimonial dos sócios, é necessária a juntada da relação dos bens particulares dos sócios controladores e dos administradores do devedor.

Para que o juiz possa entender qual é o impacto financeiro da empresa na recuperação, a inicial deve trazer ao processo:

- Os extratos atualizados das contas bancárias do devedor e de suas eventuais aplicações financeiras de qualquer modalidade, inclusive em fundos de investimento ou em bolsas de valores, emitidos pelas respectivas instituições financeiras.
- Para que seja possível aferir a eventual presunção de insolvabilidade, pairando sobre o devedor, a apresentação das certidões dos cartórios de protestos situados na comarca do domicílio ou sede do devedor e naquelas onde tem filial.

Ainda, para que os credores possam decidir na fase deliberativa qual é o impacto do acervo processual da empresa no plano de recuperação, deverá ser juntada à inicial:

- A relação, subscrita pelo devedor, de todas as ações judiciais e procedimentos arbitrais em que este figure como parte, inclusive as de natureza trabalhista, com a estimativa dos respectivos valores demandados.

- De acordo com a nova lei, que prevê uma proteção especial aos tributos, o relatório detalhado do passivo fiscal.
- A relação de bens e direitos integrantes do ativo não circulante, incluídos aqueles não sujeitos à recuperação judicial, acompanhada dos negócios jurídicos celebrados com os credores de que trata o parágrafo 3º do art. 49 da Lei n. 11.101/2005, para individualizar créditos dessa natureza.

Antes de deferir o processamento, o juiz pode se servir, conforme a nova sistemática trazida pela Lei n. 14.112/2020, de um profissional de sua confiança, para aferir as condições de funcionamento e regularidade do requerente.

Após esse início de fase, o juiz:

- deferirá o processamento da recuperação;
- nomeará o administrador judicial;
- dispensará a apresentação de certidões negativas para que o devedor exerça suas atividades;
- suspenderá todas as ações ou execuções contra o devedor, na forma do art. 6º da Lei de Falências, permanecendo os respectivos autos no juízo onde se processam;
- determinará ao devedor a apresentação de contas demonstrativas mensais enquanto perdurar a recuperação judicial, sob pena de destituição de seus administradores;
- intimará o Ministério Público e as fazendas públicas federal e de todos os estados, Distrito Federal e municípios em que o devedor tiver estabelecimento, a fim de que tomem

conhecimento da recuperação judicial e informem eventuais créditos perante o devedor, para divulgação aos demais interessados.

Agora, neste ponto, o aludido fantasma da convolação aparece, pois, para o devedor, inicia-se o prazo para a apresentação do plano de recuperação judicial, que será a "tábua de salvação" de sua atividade empresarial e significará sua continuidade no mercado em que atua.

Nesse passo, é absolutamente necessário identificar a hipótese para o pedido de recuperação de que o devedor se valeu. Em se tratando da primeira hipótese (uma modalidade de resposta a um pedido de falência, provocado por um devedor), o tempo urge, uma vez que, de acordo com o inciso VII do art. 96 c/c o *caput* do art. 98 da Lei de Falências, haverá 10 dias corridos, de acordo com a nova sistemática trazida pela Lei 14.112/2020, para apresentar a petição inicial, com a documentação exigida pelo art. 51 da mesma lei, a partir de cujo deferimento de recuperação se começa a contar o prazo de 60 dias, improrrogáveis, para a apresentação do plano.

Nesse cenário, o devedor tem sobre si uma presunção de insolvabilidade, em razão do pedido de falência, fato esse que implica uma produção/elaboração às pressas do plano de recuperação judicial, documento complexo que já exploramos em outro capítulo, correndo-se o risco de, em razão da elaboração de afogadilho do plano, ser o suficiente para ser apresentado, mas não o suficiente para ser aprovado, tendo em vista o curto espaço de tempo entre o pedido de falência e a apresentação do plano.

Em se tratando da segunda hipótese (quando o próprio devedor identifica a crise financeira pela qual atravessa e propõe, perante o juízo, o requerimento direto de sua recuperação judicial), a situação é um pouco mais confortável.

É de bom alvitre que façamos a seguinte advertência para os leitores desta obra: o plano de recuperação judicial é como um "bote salva-vidas" para aquela empresa que está se afogando em "mar de dívidas". Pode significar fôlego, a conduzir a empresa para águas calmas e colocar o navio, novamente, em sua rota.

No entanto, se esse plano não for elaborado visando não somente sua apresentação, mas a conjugação de sua aprovação e seu cumprimento, restará nada mais do que uma sobrevida da empresa, pois, apesar de subir no bote, ele estará furado.

O art. 53 da Lei de Falências é categórico: o prazo é improrrogável, sob pena de convolação em falência. O legislador, aqui, quis evitar que a recuperação judicial seja utilizada como meio de ganhar tempo para as empresas em dificuldade econômica e, também, quando da convolação em razão do escoamento do prazo, retirar do mercado, empresas sem viabilidade econômico-financeira, que acabam por contaminar o mercado como um todo.

Todavia, se for provado em juízo que o prazo não fora cumprido por questões que não tenham relação com a utilização da recuperação como mecanismo de procrastinação, defendemos a possibilidade de se prorrogar uma vez esse prazo, tendo como fundamento a aplicação, em seu grau máximo, do princípio da preservação da empresa, que, em cotejo com a regra da improrrogabilidade, deve preponderar.

Portanto, apresentado o plano de recuperação judicial, afasta-se o risco de convolação em falência pela não apresentação do plano e encerra-se a fase postulatória, tendo início, agora, a **fase deliberativa**, cuja aparição do fantasma retorna.

— 6.3 —
Convolação pela não aprovação do plano

A sistemática do processamento da recuperação judicial foi, substancialmente, modificada pela Lei n. 14.112/2020. Até sua entrada em vigor, o procedimento pelo qual nos debruçaremos a seguir tinha uma lógica mais simples e reduzia, em certa medida, o poder de quem mais interessava a recuperação: o credor.

Como pudemos perceber, o papel protagonista foi desempenhado pelo devedor, pois a ele foi atribuído o dever de apresentar o plano de recuperação de acordo com as diretrizes que ele (o devedor) reputava como relevantes para sua recuperação. O norte que comandava a elaboração do plano por ele apresentado, em primeiro lugar, era o cumprimento do prazo previsto no art. 53 da Lei de Falências, depois, a aprovação do plano e, por fim, seu cumprimento. Nesse cenário, o devedor tinha um papel preponderante no futuro da empresa, pois em plano rejeitado, plano não cumprido, o efeito é a convolação em falência.

Nesse espírito, o legislador resolve ampliar a relevância para essa fase não só do devedor, mas também a do credor, que passa a também figurar como protagonista dos destinos da empresa, ou seja, o credor pode atuar com uma atitude proativa na busca de manter a atividade daquele empresário que, outrora, fora seu parceiro.

Assim, houve uma mudança sensível nos papéis desempenhados tanto pelo credor quanto pelo devedor, no momento da aprovação do plano. É preciso deixar consignado que, tanto no modelo anterior quanto no modelo atual, uma vez apresentado o plano e não ocorrendo rejeição pelos credores no prazo fixado, haverá a aprovação tácita do plano, bem como o encerramento da **fase deliberativa** e o início da fase de cumprimento do plano, afastando, por ora, o fantasma da convolação.

Entretanto, havendo oposição, por qualquer credor, ao plano apresentado, na forma do art. 56 da Lei de Falência, o juiz convocará a assembleia geral de credores para que, então, deliberem sobre a aprovação – ainda que existam objeções pontuais que serão dirimidas pela própria assembleia de credores –, modificação ou, ainda, concessão de prazo para que seja apresentado um plano de recuperação, agora elaborado pelos credores.

A primeira situação, qual seja, a aprovação, afasta a convolação, indica os membros do comitê de credores, encerra a fase deliberativa e inaugura a fase de cumprimento do plano, sob a supervisão do comitê de credores e do administrador judicial.

Para a segunda situação, qual seja, a modificação do plano, antes de sua aprovação, é preciso que haja expressa concordância do devedor e, ainda, a modificação não pode implicar redução de direitos, exclusivamente, dos credores ausentes. Observadas essas condições, o plano será aprovado e posto em execução.

Para a terceira situação, qual seja, a concessão de prazo de 30 dias para que seja apresentado um plano de recuperação de elaboração dos credores, é preciso observar que, em primeiro lugar, essa concessão deve ser aprovada por credores que representem mais da metade dos créditos presentes à assembleia geral de credores. Ainda, o plano proposto pelos credores deve atender a algumas condições, cumulativamente, conforme indicaremos a seguir, para que se possa apresentar um plano de recuperação pelos credores.

A primeira das condições é a configuração do inciso I do parágrafo 6º do art. 56 da Lei n. 11.101/2005, vale dizer, os requisitos elencados no parágrafo 1º do art. 58 da mesma lei não poderão ser preenchidos:

- não obtenção do voto favorável de credores que representem mais da metade do valor de todos os créditos presentes à assembleia, independentemente de classes;
- não aprovação de 3 das classes de credores ou, caso haja somente três classes com credores votantes, a aprovação de pelo menos duas das classes ou, caso haja somente duas

classes com credores votantes, a aprovação de pelo menos uma delas;
- na classe que o houver rejeitado, não houver o voto favorável de mais de 1/3 dos credores, computados na forma dos parágrafos 1º e 2º do art. 45 da mesma lei.

O plano judicial de credores deve ter como fundamento circunstâncias identificadas pelos próprios credores na elaboração do plano, quais sejam:
- a discriminação pormenorizada dos meios de recuperação a ser empregados;
- a demonstração da viabilidade econômica do devedor;
- a apresentação de laudo econômico-financeiro e de avaliação dos bens e ativos do devedor, subscrito por profissional legalmente habilitado ou empresa especializada.

Agora, além dos requisitos anteriormente elencados, é preciso um apoio de credores cujo quórum seja representado, alternativamente, da maneira a seguir exposta: mais de 25% dos créditos totais sujeitos à recuperação judicial; ou mais de 35% dos créditos dos credores presentes à assembleia geral. Note-se que o legislador não exigiu quórum qualificado, pois tem como norte a preservação da atividade empresarial e tudo o que isso implica.

O plano de recuperação judicial dos credores não pode ampliar as obrigações já existentes quando do pedido de recuperação, razão pela qual o plano não pode fazer a imputação de obrigações novas, não previstas em lei ou em contratos anteriormente celebrados, aos sócios do devedor. É essa uma forma de preservar a origem dos débitos que conduziram a empresa à situação de crise financeira e, ainda, não aumentar a carga já posta sobre os ombros do devedor, em razão da rejeição do plano originário.

Tendo em vista que não é permitido impor obrigações superiores à suportabilidade do cumprimento do plano de recuperação feito pelos credores, como é o caso, há de se prever, no plano de recuperação proposto pelos credores, isenção das garantias pessoais prestadas por pessoas naturais em relação aos créditos a serem novados que sejam de titularidade dos credores mencionados no inciso III do parágrafo 6º do art. 56 da Lei de Falência ou daqueles que votarem favoravelmente ao plano de recuperação judicial apresentado pelos credores, não permitidas ressalvas de voto. É importante registrar que, de acordo com o parágrafo 7º do art. 56, incluído pela Lei n. 14.112/2020, o plano pode prever a capitalização dos créditos e obrigar a serem outorgadas garantias pessoais. Essa obrigação, sustentamos, refoge à razoabilidade.

Corroborando o que foi dito no item anterior, outro requisito é a não imposição ao devedor ou aos seus sócios de sacrifício maior do que aquele que decorreria da liquidação na falência, pois implicaria aumento de responsabilidade dos sócios para o caso de rejeição do plano de recuperação judicial dos credores.

A situação a ser analisada, oportunamente, tem relação com a aprovação ou a objeção ao plano de recuperação judicial dos credores, pois, deliberado pela não apresentação pelos credores de seu plano ou rejeitado o plano apresentado, haverá convolação da recuperação em falência.

Apresentado o plano, porém, em caso de oposição por algum credor, no prazo de 10 dias, terá o devedor o prazo também de 10 dias para manifestar-se a respeito. Após tal manifestação, será colhida a posição do administrador judicial, no prazo de 5 dias. Tal oposição somente pode versar, no caso de dispensa da assembleia geral ou aprovação do plano por esta, sobre as seguintes circunstâncias:

- não preenchimento do quórum legal de aprovação;
- descumprimento do procedimento disciplinado pela Lei de Falência;
- irregularidades do termo de adesão ao plano de recuperação;
- irregularidades e ilegalidades do plano de recuperação.

Nesse momento processual, aprovado o plano, o devedor tem de apresentar certidões negativas de débitos tributários para que o juiz conceda a recuperação judicial e afaste, momentaneamente, o fantasma da convolação em falência.

Ainda consignamos que não é momento de descanso do devedor. Ao contrário, a seguir, analisaremos a convolação em razão da inexecução do plano, que também pode conduzir a empresa à falência.

— 6.4 —
Convolação pela não execução do plano

Como já destacado, não é momento de descurar da recuperação judicial em curso, pois ainda é presente o fantasma da convolação.

A inteligência do art. 61 da LFR é clara ao prescrever que, uma vez aprovado o plano de recuperação judicial – seja o original apresentado pelo devedor, seja o apresentado pelos credores –, o juiz determinará a manutenção do *status* do devedor em recuperação judicial, pelo prazo de, no máximo, 2 anos, contados da concessão da recuperação judicial para as obrigações, previstas no plano, que se vencerem nesse prazo.

O cenário aqui presente revela que é o momento crucial do soerguimento da empresa. Apesar de todos os esforços envidados para a apresentação do plano e para a aprovação do plano, modificado ou não, ainda resta a execução daquilo que foi planejado.

Quer isso dizer que, vencidas as fases postulatória e deliberativa, o desafio é manter a regularidade do cumprimento do plano de recuperação. Cabe o alerta de que é preciso ter em mente que a atividade empresarial desenvolvida pelo devedor deve ser dividida em duas frentes:

1. manutenção da atividade empresarial cotidiana e regular com espeque em sua capacidade econômica (oferta e procura) e da qual se extrairão recursos para a exequibilidade da segunda frente;
2. que se traduz no cumprimento das obrigações previstas no plano de recuperação.

Dito de outro modo, o empresário deve organizar-se para que, no período (de 2 anos) de cumprimento do plano aprovado, **tenha recursos suficientes para**, além da manutenção da atividade da empresa, também promover o pagamento dos credores previstos no plano. Não é tarefa das mais fáceis. Um cálculo dessa magnitude deve sempre levar em consideração a capacidade de transformar em faturamento aquele produto ou bem oferecido ao mercado.

Nessa conta entram os seguintes elementos: custos normais da operação (tributos, folha de pagamentos, fornecedores, despesas fixas etc.), acrescidos dos valores determinados no plano; faturamento, como a capacidade de transformar sua oferta em procura no mercado. A equação deve ser positiva, ou seja, o faturamento deve ser superior aos custos somados às obrigações previstas no plano.

Com essa métrica, que pode, diga-se, ser prevista quando da elaboração do plano, deve ser o caminho trilhado pelo devedor, para que tenha sucesso em sua recuperação, pois, uma vez cumpridas essas obrigações, pode o juiz decretar o encerramento da recuperação judicial.

Na sentença decretatória de recuperação judicial, o juiz determinará:

a. o pagamento do saldo de honorários ao administrador judicial, somente podendo efetuar a quitação dessas obrigações mediante prestação de contas, no prazo de 30 dias, e aprovação do relatório;
b. a apuração do saldo das custas judiciais a serem recolhidas;
c. a apresentação de relatório circunstanciado do administrador judicial, no prazo máximo de 15 dias, versando sobre a execução do plano de recuperação pelo devedor;
d. a dissolução do comitê de credores e a exoneração do administrador judicial;
e. a comunicação ao Registro Público de Empresas e à Secretaria Especial da Receita Federal do Brasil do Ministério da Economia para as providências cabíveis.

Ponto importante, que foi incluído pela Lei n. 14.112/2020, é que o encerramento da recuperação judicial não depende da consolidação do quadro geral de credores. Nesse caso, em razão da eventual necessidade de consolidação de quadro geral, haveria um atraso na recuperação daquela empresa, motivo pelo qual o legislador, acertadamente, definiu a desnecessidade dessa consolidação. Vale dizer: economizou-se em publicação de editais, convocação de credores, entre outras despesas que apenas onerariam o devedor, que, nesse cenário, já cumpriu suas obrigações.

Como a equação aqui apresentada não é de fácil realização, pois se trata de um compromisso, é bom ressaltar que, para o caso de não se cumprirem as obrigações previstas no plano, haverá, necessariamente, a convolação em falência, nos termos do parágrafo 1º do art. 71 c/c inciso IV do art. 73 da Lei n. 11.101/2005.

Registramos que, sendo decretada a falência em razão do descumprimento de qualquer obrigação assumida no plano de recuperação, aos credores serão reconstituídos direitos e garantias as condições originalmente contratadas, descontados os valores já pagos.

Com base no que afirmamos, é preciso separar a ideia de novação contida no art. 59 da LFR. Explica-se. O instituto da novação tem como lógica a substituição da dívida anterior por nova dívida. É o caso do plano de recuperação que implicará a substituição da dívida originária pelas obrigações previstas no plano de recuperação. Assim o é para evitar que credores aderentes ao plano exijam, após seu cumprimento, eventuais emolumentos residuais da dívida originária – vale dizer: obrigações cumpridas no plano, extinção das dívidas originárias.

Entretanto, para o caso de descumprimento do plano, a novação não se opera, as condições originais da dívida são retomadas e será satisfeito seu resíduo originário quando do pagamento na falência, com a devida classificação desse crédito.

Um ponto importante que surge para o caso de existirem obrigações assumidas no plano para além do período previsto (2 anos) no art. 61 da LFR e eventual descumprimento de obrigações vencidas após esse período é a dúvida de qual caminho o credor pode utilizar para reestabelecer seus direitos.

De acordo com o art. 62 da LFR, após o período previsto no art. 61 dessa lei, no caso de descumprimento de qualquer obrigação prevista no plano de recuperação judicial, qualquer credor pode requerer a execução específica ou a falência com base no art. 94 da mesma lei.

O primeiro caminho é analisar, de uma perspectiva objetiva, se o saldo que não foi pago fora do período do art. 61 da LFR, o que se encaixa nos requisitos previstos no art. 94, que tratam da impontualidade. Vale dizer: título devidamente protestado e superior a 40 salários mínimos.

Preenchidas essas condições, abre-se a via do requerimento de falência daquele devedor. Consignamos que não se pode confundir essa modalidade de falência com a convolação da recuperação em falência. Note-se que, nesse ambiente, o juiz já sentenciou pelo encerramento da recuperação judicial e, portanto, não há de se falar em convolação.

O segundo caminho é a execução específica do título representativo do resíduo da recuperação, isto é, o saldo é inferior a 40 salários mínimos e, portanto, o que o credor deve observar é a qualidade do título para o preenchimento do exigido pelo art. 783 do Código de Processo Civil (CPC) – Lei n. 13.105, de 16 de março de 2015 –, ou seja, certeza, liquidez e exigibilidade. Aqui não há necessidade de prévio protesto para a execução: basta que o devedor demonstre que houve descumprimento, pois o art. 397 do Código Civil - Lei n. 10.406, de 10 de janeiro de 2002 - aduz que o inadimplemento da obrigação, positiva e líquida, em seu termo, constitui de pleno direito em mora o devedor (Brasil, 2015; 2002).

— 6.5 —
Convolação por deliberação da assembleia

Há de se fazer a devida contextualização do que trataremos neste ponto. A assembleia geral de credores tem como atribuição, na recuperação judicial, deliberar sobre:

a. aprovação, rejeição ou modificação do plano de recuperação judicial apresentado pelo devedor;

b. constituição do comitê de credores, a escolha de seus membros e sua substituição;

c. pedido de desistência do devedor, nos termos do parágrafo 4º do art. 52 da LFR;

d. nome do gestor judicial, quando do afastamento do devedor;

e. qualquer outra matéria que possa afetar os interesses dos credores;

f. alienação de bens ou direitos do ativo não circulante do devedor, não prevista no plano de recuperação judicial.

Nessa métrica, o objeto de deliberação da assembleia pode mudar de conteúdo ao longo do desenvolvimento da recuperação judicial e dentro do prazo de 2 anos, previsto no art. 61 da LFR.

A deliberação decisiva para a manutenção do soerguimento da empresa, inicialmente, ocorre conforme o que vimos no item 6.3, mas pode mudar em caso de fato superveniente, relevante, que tenha impacto direto no desempenho da atividade da empresa recuperanda.

Tal fato superveniente decorre, especialmente, das intempéries e peculiaridades do mercado, pois, no início do regime de recuperação, foram apresentadas e discutidas as seguintes situações:

a. discriminação pormenorizada dos meios de recuperação a ser empregados;
b. demonstração de sua viabilidade econômica;
c. laudo econômico-financeiro e de avaliação dos bens e ativos do devedor.

Essas situações indicavam qual era a situação econômico-financeira da empresa recuperanda que permitia a tentativa de promover a recuperação judicial com a apresentação de um plano.

Ocorre que o mercado e a sociedade são dinâmicos e mudam de acordo com as mudanças nos hábitos de consumo, recessão econômica e influências de mercados externos. Essas mudanças influenciam, diretamente, a manutenção da caracterização da possibilidade de recuperar no momento em que é apresentado o plano, isto é, o mercado é determinante para o sucesso da recuperação.

Quando da apresentação dos meios de recuperação a serem empregados, a realidade vivida pela empresa era uma, a qual pode sofrer mutação com eventuais fatos supervenientes. Assim, deve deliberar a assembleia de credores se esses fatos supervenientes são suficientes para contaminar os meios de recuperação apresentados originariamente que permitam a convolação em falência.

Outro aspecto que merece deliberação da assembleia, quando presente fato superveniente, é a reanálise da viabilidade econômica do devedor considerando esses fatos novos.

A viabilidade econômica está atrelada ao mercado em que atua a empresa considerada, ou seja, haverá viabilidade econômica se houver espaço para o desenvolvimento da produção dos produtos ou serviços que a empresa oferece. Desse modo, **caso identifique-se que houve mudança nesse mercado e, ainda, que essa mudança tem potencial de retirar da empresa recuperanda sua capacidade de solvabilidade, tal circunstância deve ser deliberada pela assembleia, que decidirá pela convolação ou não daquela recuperação.**

Registramos que, como dito alhures, a equação não é fácil, pois, reduzido ou suprimido o mercado em que atua a empresa recuperanda, essa circunstância impacta, diretamente, a convolação da recuperação, pois é mais saudável extinguir uma atividade empresarial sem mercado do que manter o fôlego de empresa que, inevitavelmente, será reduzida à insolvência.

Outra possível deliberação para aferir se é o caso de continuar no regime de recuperação tem relação com aquele laudo econômico-financeiro e de avaliação de bens e ativos do devedor, apresentado junto com o plano de recuperação. Aquele documento representava, à época, a realidade vivida pela empresa recuperanda e, com base nele, entre outros aspectos, a deliberação fora pela aprovação do plano.

Ocorrendo mudança do previsto nesse laudo, o ideal é instar o profissional habilitado que produziu o documento originário para que produza novo laudo, considerando o fato superveniente identificado pelos credores, pelo administrador judicial, pelo Ministério Público ou pelo juiz.

Com o novo documento em mãos, a assembleia pode ter elementos sólidos para decidir se é o caso de convolação ou não, em falência, da atividade empresarial.

Não é demais advertir que, caso a assembleia delibere pela convolação em falência em razão de fato superveniente, conforme aqui exposto, os efeitos dessa convolação serão os mesmos da convolação pelo não cumprimento do plano. Vale dizer: não será operada a novação das dívidas originárias e será aberta a possibilidade de habilitar créditos a serem submetidos ao regime de falência.

Por oportuno, é bom registrar que essa não é uma decisão simples, pois, a depender da natureza do crédito considerado, a possibilidade de ser satisfeito pelo acervo patrimonial do devedor pode demonstrar-se insuficiente e, assim, poderá redundar em frustração das expectativas do credor.

— 6.6 —
Convolação por descumprimento dos parcelamentos tributários ou da transação tributária

A Lei n. 14.112/2020 faz uma relevante mudança na proteção dos créditos tributários. E já não era sem tempo!

O crédito tributário é aquele derivado da obtenção de receita pública para a satisfação das necessidades públicas de responsabilidade do Estado. Sua natureza jurídica é de bem público indisponível e goza de várias prerrogativas previstas no Código Tributário Nacional (CTN) – Lei n. 5.172, de 25 de outubro de 1966 (Brasil, 1966) –, bem como em outras leis esparsas.

O crédito, na falência, apesar de não se submeter a concurso de credores, tampouco a habilitações de crédito, ocupa posição privilegiada na ordem de pagamentos na falência, e lá há a proteção de tão importante crédito para a sociedade como um todo.

Na recuperação judicial, por força do art. 57 da LFR, após a juntada aos autos do plano aprovado pela assembleia geral de credores, o devedor precisa apresentar certidões negativas de débitos tributários como uma forma de garantir que se proteja da situação de crise financeira pela qual atravessa a empresa recuperanda.

Isso, de início, é um contrassenso, pois é consabido que empresas em dificuldade financeira não têm como principal preocupação saldar o crédito tributário do Estado, especialmente porque não é um credor que está cobrando seu débito no dia a dia da atividade empresarial, além de existirem débitos que impedem o próprio funcionamento da empresa devedora, como a folha de pagamento e eventuais fornecedores.

Inclusive, o Projeto de Lei n. 6.230/2005, apresentado pelo deputado Medeiros, que tentava modificar o parágrafo 7º do art. 6º da Lei n. 11.101/2005, para que houvesse a suspensão de eventuais execuções fiscais ao tempo do deferimento da recuperação, bem como para que houvesse sujeição de todos os créditos tributários existentes na data do pedido, ainda que não vencidos, tinha como objetivo assegurar à empresa em dificuldade financeira a manutenção da fonte produtora de bens e serviços e dos empregos.

Entretanto, houve, na verdade, uma nova caracterização do trato do crédito tributário quando em recuperação, restando vencida a tese do deputado.

A nova legislação prevê que a decretação do processamento da recuperação judicial implica a suspensão da prescrição, bem como a suspensão das execuções ajuizadas contra o devedor, inclusive daquelas dos credores particulares do sócio solidário, relativas a créditos ou obrigações sujeitos à recuperação judicial ou a falência e proibição de qualquer forma de retenção, arresto, penhora, sequestro, busca e apreensão e constrição judicial ou extrajudicial sobre os bens do devedor, oriunda de demandas judiciais ou extrajudiciais cujos créditos ou obrigações sujeitem-se à recuperação judicial ou à falência. Essas circunstâncias são coerentes com os créditos sujeitos à recuperação e coerentes com o momento de dificuldade pelo qual atravessa a empresa.

Contudo, em se tratando de crédito de natureza tributária, nenhuma dessas circunstâncias tem aplicabilidade, pois a nova legislação também inseriu o parágrafo 7º-B do art. 6º da Lei n. 11.101/2005, que prescreve que as circunstâncias lá previstas não se aplicam às execuções fiscais, não aderindo à proposta originária do deputado Medeiros. A nova lei criou, na parte final do referido parágrafo, uma forma de amenizar o impacto das execuções fiscais na recuperação, atribuindo a competência do juízo da recuperação judicial para determinar a substituição dos atos de constrição que recaiam sobre bens de capital essenciais à manutenção da atividade empresarial até o encerramento da recuperação judicial, a qual será implementada mediante a cooperação jurisdicional.

Com isso, houve uma espécie de "morde e assopra" do legislador, que atendeu aos interesses da Fazenda Pública, dando um sopro de sobrevida aos devedores em recuperação, para que, em incidente de cooperação jurisdicional, possam suspender a exigibilidade dos créditos tributários da empresa recuperanda.

Registramos, aqui, que o mundo ideal era a proposta idealizada pelo deputado Medeiros, segundo a qual, simplesmente, suspendiam-se as execuções e submetiam-se os créditos tributários à recuperação. Não se trata, evidentemente, de defesa do inadimplemento, ou seja, da conduta irresponsável no trato dos créditos tributários, mas da forma de evitar que os créditos tributários se tornem insuportáveis e inviabilizem a própria recuperação.

A par disso, é possível que as empresas em recuperação possam optar por parcelar seus créditos tributários, de acordo com a prescrição do art. 68 da LFR, que prevê que as fazendas públicas e o Instituto Nacional do Seguro Social (INSS) podem deferir, nos termos da legislação específica, parcelamento de seus créditos, em sede de recuperação judicial, de acordo com os parâmetros estabelecidos no CTN.

Também é possível, para as empresas em recuperação, promover transação tributária, alternativamente ao parcelamento de que trata o art. 10-A dessa lei e às demais modalidades de parcelamento instituídas por lei federal porventura aplicáveis. Nessa situação, o empresário ou a sociedade empresária que tiver o processamento da recuperação judicial deferido pode submeter à Procuradoria-Geral da Fazenda Nacional proposta de transação relativa a créditos inscritos em dívida ativa da União, como um meio de redução do impacto na recuperação das dívidas tributárias.

A questão que se traz a debate é que a nova legislação, apesar de ter como teleologia a proteção dos créditos tributários, faz reaparecer o fantasma da convolação em falência, pois, não bastassem as possibilidades já aqui tratadas de convolação em falência (não apresentação, rejeição e não cumprimento do plano), agora também se verifica o risco de falir em razão de não pagamento de simples parcelamentos tributários.

Houve a perda de uma chance de, efetivamente, trazer a responsabilidade do Estado tributante para que também arcasse com suas influências na situação de crise da empresa devedora, pois, como já dito anteriormente, não defendemos a irresponsabilidade tributária, mas a equalização proporcional do passivo tributário de uma empresa em recuperação.

Incluir créditos que não estão sujeitos à recuperação – e que, portanto, não podem sofrer redução de seu valor de face –, como idôneos para a convolação em falência, parece-nos uma inversão de valores, que merece melhor sopesamento: o peso dos tributos torna-se maior do que o peso da continuidade da atividade empresarial e tudo o que ela implica para a economia e a sociedade, com sua geração de empregos, circulação de riquezas e geração de novos tributos.

— 6.7 —
Convolação pelo esvaziamento patrimonial do devedor

O inciso IV do art. 73 da LFR determina que, quando identificado o esvaziamento patrimonial do devedor que implique liquidação substancial da empresa, em prejuízo de credores não sujeitos à recuperação judicial, inclusive as fazendas públicas, haverá convolação em falência.

A questão a ser enfrentada refere-se ao conceito e ao alcance da noção de "esvaziamento patrimonial do devedor", pois salta aos olhos sua imprecisão terminológica. A novel legislação faz uma tentativa de se reduzir a impropriedade do termo com a dicção do parágrafo 3º do art. 73 da LFR, que considera substancial a liquidação quando não forem reservados bens, direitos ou projeção de fluxo de caixa futuro suficientes à manutenção da atividade econômica para fins de cumprimento de suas obrigações, facultada a realização de perícia específica para essa finalidade.

Essa imprecisão terminológica que faz com que a ideia de "esvaziamento patrimonial do devedor" pareça algo tangível se não houver previsão futura de fluxo de caixa deixa ao alvedrio do procurador da Fazenda Pública e dos credores não sujeitos à recuperação judicial a subsunção do que eles reputam como esvaziamento e cria – apesar de ser um crédito não recuperável – um novo fantasma que assombra o regime de recuperação.

Por demais óbvio que o próprio regime de recuperação judicial pode implicar esvaziamento do patrimônio do devedor, que terá uma tarefa hercúlea na manutenção e no cumprimento das obrigações previstas no plano de recuperação.

Assim, embora creia-se que essa hipótese tenha a intenção de evitar uma recuperação que se arraste no tempo e sem efetividade, acabou-se por se colocar mais uma "faca no pescoço" do devedor em recuperação ante a agora preocupação de não haver o chamado *esvaziamento patrimonial do devedor*, que implicará sua falência.

Mas nem tudo está perdido. De acordo com o parágrafo 2º do art. 73 da LFR, as hipóteses de esvaziamento patrimonial não implicarão a invalidade ou a ineficácia dos atos, e o juiz determinará o bloqueio do produto de eventuais alienações e a devolução ao devedor dos valores já distribuídos, os quais ficarão à disposição do juízo.

Quer isso dizer que, embora o desejo do legislador tenha sido o de evitar recuperações que se protraiam no tempo sem comprovada eficácia, os negócios jurídicos realizados podem ter seu produto avocado e à disposição do juízo.

Considerações finais

O prazer de superar as adversidades é incomensurável. Se, por acaso, fosse possível medir o grau de satisfação quando se obtém sucesso em qualquer empreitada, seguramente teríamos números estratosféricos, pois o sabor da vitória, da realização e de um desafio nos deixa embebidos em néctar de satisfação.

Esse "sabor" seguramente deve ser dividido com todos os que contribuíram para o alcance dessa superação de uma situação de crise vivida pelas empresas em dificuldades.

Este livro também é fruto de superação: de horas de reflexão e de intensa pesquisa para poder contribuir para o mundo acadêmico com o compromisso que essa atividade exige.

Por essas razões, após a análise dos institutos da recuperação, podemos agora nos encaminhar à conclusão. Nesta obra, apresentamos as técnicas jurídicas para o soerguimento da atividade empresarial. Podem-se desvendar as ferramentas legais à disposição do empresário na tentativa de superar a situação de crise econômico-financeira que assola a empresa, com o risco de se encaminhar para uma falência, que implicaria perda de postos de trabalho e outros valores importantes para a sociedade.

Assim, em resumo, podemos chegar às conclusões a seguir expostas.

O princípio da preservação da empresa pode ser conceituado como aquele princípio que visa proteger uma atividade empresarial, que tenha viabilidade econômica, mas padece de momentânea inviabilidade financeira para seu prosseguimento no mercado, em razão dos benefícios sociais e econômicos que essa atividade representa. Esse princípio fundamenta a recuperação judicial, seja ela ordinária, seja ela especial (microempresas, empresas de pequeno porte e pequeno produtor rural), bem como a recuperação extrajudicial, tanto a individual quanto a coletiva.

A concordata foi a inspiração da recuperação judicial e se aproximava da recuperação extrajudicial individual, justamente por incluir os credores quirografários em seu rol. No entanto, a Lei n. 14.112/2020 amplia o rol de credores, sepultando, de vez, qualquer semelhança com o instituto da concordata, mantendo-a, tão somente, como "inspiração".

Os requisitos para concessão de recuperação judicial são da seguinte ordem: subjetivo, quando analisa a viabilidade da atividade empresarial considerada; e objetivo, quando analisa o preenchimento das condições para obtenção da recuperação – vale dizer, será objetivamente indeferida a recuperação se não preenchidas as condições objetivas previstas em lei, ainda que, em alguns casos, seja analisado o sujeito requerente.

O critério subjetivo significa que a empresa considerada deve demonstrar condições de superar a situação de crise econômico-financeira, com a realização de sua atividade econômica, pois más empresas devem falir para que as boas não se prejudiquem. O objetivo é aquele elencado pelo legislador, previsto no art. 48 da Lei de Falência e Recuperações (LFR), fragmentado em várias condições a serem preenchidas de modo objetivo.

Uma condição que não se encaixa nos requisitos subjetivo e objetivo aqui expostos é a prevista no art. 48-A da LFR, incluído pela Lei n. 14.112/2020. A questão trata de recuperação judicial de companhia aberta, ou seja, sociedades anônimas abertas são aquelas que, de acordo com o art. 4º da Lei n. 6.404/1976, admitem negociação no mercado de valores mobiliários.

Uma constatação que se faz é quanto à possibilidade de incluir, para ser recuperados, todos os créditos existentes na data do pedido, mesmo aqueles que ainda não venceram. Embora não apresentem a característica da exigibilidade, tais créditos não vencidos são créditos que compõem a massa de débitos relevantes para o soerguimento da atividade empresarial.

As obrigações constituídas antes da recuperação judicial observarão as condições originalmente contratadas ou definidas em lei, inclusive no que diz respeito aos encargos, salvo se, de modo diverso, ficar estabelecido no plano de recuperação judicial.

O devedor precisa apresentar certidão negativa de débito tributário, após a juntada aos autos, do plano aprovado ou sem objeções de credores. Isso revela que o legislador deixou de fora da abrangência da recuperação judicial os créditos tributários.

Estão fora de abrangência da recuperação os credores titulares da posição de proprietário fiduciário de bens móveis ou imóveis, de arrendador mercantil, de proprietário ou promitente vendedor de imóvel cujos respectivos contratos contenham cláusula de irrevogabilidade ou irretratabilidade, inclusive em incorporações imobiliárias, ou de proprietário em contrato de venda com reserva de domínio.

Também fora de abrangência estão os provenientes da importância entregue ao devedor, em moeda corrente nacional, decorrente de adiantamento a contrato de câmbio para exportação, conforme preleciona o parágrafo 4º do art. 49 da LFR.

Um importante aumento de abrangência tem relação ao produtor rural, que ganhou destaque com a nova legislação. O legislador criou uma regra específica para as hipóteses de que tratam os parágrafos 2º e 3º do art. 48 da LFR, qual seja: só pode haver recuperação desses créditos se decorrerem, exclusivamente, da atividade rural e se estiverem discriminados nos documentos a que se referem, ainda que não vencidos.

Existem algumas confusões com relação ao momento de identificar a situação processual de uma empresa em processo de extinção, mediante falência ou soerguimento, por meio das modalidades de recuperação.

A falência significa encerramento da atividade empresarial. Uma vez decretada sua quebra, por intermédio uma sentença transitada em julgado, inicia-se a liquidação da empresa – com o levantamento e venda de seus bens –, desenvolve-se o processo com o pagamento dos credores na medida das forças da falida, e encerra-se com a atribuição de responsabilidade do saldo ao falido e com a extinção da atividade empresarial.

A participação do Estado é fundamental no fomento e incentivo das atividades empresariais desenvolvidas pela sociedade civil. Seu poder de intervir na economia é absolutamente importante para a manutenção de um mercado sadio e competitivo, que redunda em maior acesso da população a mercadorias e serviços com preços mais acessíveis.

A intervenção do Estado, de maneira direta, em uma empresa específica, ocorre conforme o previsto na Lei n. 11.101/2005, na configuração das recuperações judicial e extrajudicial, especialmente quando da elaboração do plano de recuperação judicial ou extrajudicial, em que atuará de forma subsidiária e excepcional.

É necessária a configuração da atividade em análise como empresária – ou seja, considera-se empresária a sociedade que tem por objeto o exercício de atividade própria de empresário sujeito a registro; e, simples, as demais, consoante a inteligência do art. 982 do Código Civil.

Tanto a recuperação judicial quanto a extrajudicial têm processamentos diversos entre suas divisões.

Vale ressaltar que a recuperação judicial se divide em regime geral e regime especial de soerguimento, tendo como critério de separação deles a presença de microempresas e empresas de pequeno porte no regime especial e, no geral, as demais.

A recuperação extrajudicial que se divide em individual e coletiva, para a qual não há de se falar exatamente em um procedimento judicial específico, uma vez que os procedimentos são disciplinados em momentos distintos a serem observados pelo devedor.

O plano de recuperação judicial é instrumento apto para projetar-se nele condições, alterações, situações jurídicas e econômicas na busca da retomada da fonte produtora de riquezas, geradora de emprego e de tributos.

O plano pode ser setorizado de acordo com alterações em camadas diferentes da atividade empresarial que se quer recuperar. É possível afirmar que tais alterações podem ser caracterizadas como subjetivas, negociais e estruturais.

A assembleia é a manifestação e expressão da vontade dos credores, pois são decisões coletivas que impactam coletivamente. O comitê de credores, por sua vez, é órgão facultativo reservado a situações de representatividade, sendo direcionado a facilitar a deliberação dos credores por meio de seus representantes: os pesos do voto de cada classe de credores são separados em voto quantitativo (número de credores presentes) e voto qualitativo (valor individual do crédito). Também o quórum se efetiva por maioria simples, ou seja, 50% mais o primeiro inteiro presentes na assembleia (quantitativo) ou de acordo com o valor do crédito (qualitativo).

As fases da recuperação são a postulatória, deliberativa e executória. O objetivo específico da fase postulatória é dar condições para o juiz e para os credores de identificar a potencial retomada da viabilidade econômico-financeira, que padece de crise momentânea e que pode soerguer-se. Após o encerramento da fase postulatória com a apresentação do plano, o caso é de início da fase deliberativa. Começa com a convocação de uma assembleia geral de credores a deliberar sobre aprovação, rejeição ou modificação do plano de recuperação. Não basta que o devedor elabore e apresente seu plano de recuperação no prazo e no modo determinados pela lei. Não basta que esse plano seja aprovado em deliberação pelos credores. Ainda é preciso que ele seja devidamente cumprido.

Como uma inovação, a Lei n. 14.112/2020 traz a classificação como crédito extraconcursal (art. 84, inciso I-B). Esses valores são aqueles oriundos da nova Seção IV-A que foi incluída pela Lei n. 14.112/2020 e que trata do financiamento do devedor e do grupo devedor durante a recuperação judicial. Em verdade, é o conhecido pelo direito falencial norte-americano como *debtor-in-possesion financing* (DIP *financing*), uma ideia de financiar um devedor em recuperação judicial.

O empresário e a sociedade empresária, pessoas que estão sujeitas à aplicabilidade da Lei n. 11.101/2005 e que estejam incluídas na caracterização de microempresa e empresa de pequeno porte podem servir-se do regime especial de recuperação judicial.

Importante é ressaltar que esse sistema de recuperação não é obrigatório, mas uma faculdade das microempresas e empresas de pequeno porte.

A principal característica do plano de recuperação especial é que sua forma e seus prazos derivam da lei, razão pela qual o devedor tem de modular seus interesses de acordo com o quadro desenhado pelo legislador.

O produtor rural que pode figurar nas regras da Lei n. 11.101/2005 e, por conseguinte, pode requerer recuperação judicial, seja especial, seja ordinária, é aquele devidamente registrado no órgão competente.

A recuperação extrajudicial é uma espécie de renegociação das dívidas da empresa devedora, em princípio, fora das vias judiciais. Nesse cenário, o devedor pode renegociar diretamente com seus credores, bem como com eles elaborar um acordo, o qual pode ser levado ao Judiciário para homologação.

O critério que define se a recuperação será extrajudicial ou intrajudicial é a iniciativa de apresentação do plano de recuperação, pelo devedor, diretamente, aos credores ou, diretamente, ao juiz. Uma forma é a recuperação extrajudicial com efeitos individuais, prevista no art. 162 da LFR, que prescreve que o devedor pode requerer a homologação em juízo do plano de recuperação extrajudicial, juntando sua justificativa e o documento que contenha seus termos e suas condições, com as assinaturas dos credores que a ele aderiram. Outra é a denominada recuperação extrajudicial com efeitos coletivos, ou seja, de acordo com o art. 163 da LFR, é possível ao devedor requerer a homologação de plano de recuperação extrajudicial que obriga todos os credores por ele abrangidos, desde que assinado por credores que representem mais da metade dos créditos de cada espécie abrangidos pelo plano de recuperação extrajudicial. A convolação, por sua vez, é uma espécie de "pressão" exercida sobre o devedor para que este vença todas as fases da recuperação judicial e, com isso, possa permanecer no mercado.

Apresentado o plano de recuperação judicial, afasta-se o risco de convolação em falência pela não apresentação do plano e encerra-se a fase postulatória, tendo início, agora, a fase deliberativa, cuja aparição do fantasma retorna. Vencidas as fases postulatória e deliberativa, o desafio é manter a regularidade do cumprimento do plano de recuperação. É preciso ter em mente que a atividade empresarial desenvolvida pelo devedor é dividida em duas frentes: (a) manutenção da atividade empresarial cotidiana e regular com espeque em sua capacidade econômica (oferta e procura) e da qual se extrairão recursos para a exequibilidade da segunda frente; (b) cumprimento das obrigações previstas no plano de recuperação.

Para o caso em que a assembleia delibere pela convolação em falência em razão de fato superveniente, os efeitos dessa convolação serão os mesmos da convolação pelo não cumprimento do plano. Não se operará a novação das dívidas originárias e será aberta a possibilidade de habilitar créditos para serem submetidos ao regime de falência.

O crédito tributário, na falência, apesar de não se submeter a concurso de credores, tampouco habilitações de crédito, ocupa posição privilegiada na ordem de pagamentos na falência, e lá há a proteção de tão importante crédito para a sociedade como um todo.

O inciso IV do art. 73 da LFR determina que, quando identificado o esvaziamento patrimonial do devedor que implique liquidação substancial da empresa, em prejuízo de credores não sujeitos à recuperação judicial, inclusive as fazendas públicas, haverá convolação em falência.

Essa hipótese, embora tenha a intenção de evitar uma recuperação que se arraste no tempo e sem efetividade, acabou por colocar mais uma "faca no pescoço" do devedor em recuperação ante a agora preocupação de não haver o chamado *esvaziamento patrimonial do devedor*, que implicará sua falência.

Referências

ALCANTARA, S. A. **Direito empresarial e direito do consumidor** [livro eletrônico]. Curitiba: InterSaberes, 2017. 2Mb; PDF.

ALMEIDA, A. P. de. **Curso de falência e recuperação de empresa**. 28. ed. São Paulo: Saraiva, 2017.

ÁVILA, H. **Teoria da igualdade tributária**. 2. ed. São Paulo: Malheiros, 2008.

BARROSO, D. **Manual de direito processual civil**. 2. ed. Barueri: Manole, 2007. v. 1: Teoria geral e processo de conhecimento.

BERTOLDI, M. M.; RIBEIRO, M. C. P. **Curso avançado de direito comercial**. 8. ed. São Paulo: Revista dos Tribunais, 2014.

BRASIL. Decreto-Lei n. 1.598, de 26 de dezembro de 1977. **Diário Oficial da União**, Poder Executivo, Brasília, 25 dez. 1977. Disponível em: <http://www.planalto.gov.br/ccivil_03/decreto-lei/del1598.htm>. Acesso em: 31 ago. 2021.

BRASIL. Decreto-Lei n. 5.452, de 1º de maio de 1943. **Diário Oficial da União**, Poder Executivo, Brasília, 1 mai. 1943. Disponível em: <http://www.planalto.gov.br/ccivil_03/decreto-lei/del5452.htm>. Acesso em: 31 ago. 2021.

BRASIL. Decreto n. 7.661, de 21 de junho de 1945. **Diário Oficial da União**, Poder Executivo, Brasília, 21 jun. 1945. Disponível em: <http://www.planalto.gov.br/ccivil_03/decreto-lei/del7661.htm>. Acesso em: 31 ago. 2021.

BRASIL, Emenda Constitucional n. 42, de 19 de dezembro de 2003. **Diário Oficial da União**, Poder Executivo, Brasília, 19 dez. 2003. Disponível em: <http://www.planalto.gov.br/ccivil_03/constituicao/emendas/emc/emc42.htm>. Acesso em: 31 ago. 2021.

BRASIL. Lei n. 4.829, de 5 de novembro de 1965. **Diário Oficial da União**, Poder Executivo, Brasília, 5 nov. 1965. Disponível em: <http://www.planalto.gov.br/ccivil_03/leis/l4829.htm>. Acesso em: 31 ago. 2021.

BRASIL. Lei n. 5.172, de 25 de outubro de 1966. **Diário Oficial da União**, Poder Executivo, Brasília, 25 out. 1966. Disponível em: <http://www.planalto.gov.br/ccivil_03/leis/l5172compilado.htm>. Acesso em: 31 ago. 2021.

BRASIL. Lei n. 6.404, de 15 de dezembro de 1976. **Diário Oficial da União**, Poder Executivo, Brasília, 17 dez. 1976. Disponível em: <http://www.planalto.gov.br/ccivil_03/leis/l6404consol.htm>. Acesso em: 31 ago. 2021.

BRASIL. Lei n. 6.830, de 22 de setembro de 1980. **Diário Oficial da União**, Poder Executivo, Brasília, 22 set. 1980. Disponível em: <http://www.planalto.gov.br/ccivil_03/leis/l6830.htm>. Acesso em: 31 ago. 2021.

BRASIL. Lei n. 10.406, de 10 de janeiro de 2002. **Diário Oficial da União**, Poder Executivo, Brasília, 10 jan. 2002. Disponível em: <http://www.planalto.gov.br/ccivil_03/leis/2002/l10406compilada.htm>. Acesso em: 31 ago. 2021.

BRASIL. Lei n. 11.101, de 9 de fevereiro de 2005. **Diário Oficial da União**, Poder Executivo, Brasília, 9 fev. 2005. Disponível em: <http://www.planalto.gov.br/ccivil_03/_ato2004-2006/2005/lei/l11101.htm>. Acesso em: 31 ago. 2021.

BRASIL. Lei n. 12.873, de 24 de outubro de 2013. **Diário Oficial da União**, Poder Executivo, Brasília, 24 out. 2013. Disponível em: <http://www.planalto.gov.br/ccivil_03/_ato2011-2014/2013/lei/l12873.htm>. Acesso em: 31 ago. 2021.

BRASIL. Lei n. 12.973, de 13 de maio de 2014. **Diário Oficial da União**, Poder Executivo, Brasília, 14 maio 2014a. Disponível em: <http://www.planalto.gov.br/ccivil_03/_ato2011-2014/2014/lei/l12973.htm>. Acesso em: 31 ago. 2021.

BRASIL. Lei n. 13.105, de 16 de março de 2015. **Diário Oficial da União**, Poder Legislativo, Brasília, 17 mar. 2015. Disponível em: <http://www.planalto.gov.br/ccivil_03/_ato2015-2018/2015/lei/l13105.htm>. Acesso em: 31 ago. 2021.

BRASIL. Lei n. 13.874, de 20 de setembro de 2019. **Diário Oficial da União**, Poder Executivo, Brasília, 20 set. 2019. Disponível em: <http://www.planalto.gov.br/ccivil_03/_ato2019-2022/2019/lei/L13874.htm>. Acesso em: 31 ago. 2021.

BRASIL. Lei n. 14.112, de 24 de dezembro de 2020. **Diário Oficial da União**, Poder Executivo, 24 dez. 2020. Disponível em: <http://www.planalto.gov.br/ccivil_03/_ato2019-2022/2020/lei/L14112.htm>. Acesso em: 31 ago. 2021.

BRASIL. Lei Complementar n. 123, de 14 de dezembro de 2006. **Diário Oficial da União**, Poder Executivo, Brasília, 14 dez. 2006. Disponível em: <http://www.planalto.gov.br/ccivil_03/leis/lcp/lcp123.htm>. Acesso em: 31 ago. 2021.

BRASIL. Lei Complementar n. 147, de 7 de agosto de 2014. **Diário Oficial da União**, Poder Executivo, Brasília, 7 ago. 2014b. Disponível em: <http://www.planalto.gov.br/ccivil_03/leis/lcp/lcp147.htm>. Acesso em: 31 ago. 2021.

CARNELUTTI, F. **Instituições do processo civil**. São Paulo: Classic Book, 2000a. v. 3.

CARNELUTTI, F. **Sistema de direito processual civil**. São Paulo: Classic Book, 2000b. v. 4.

CARNELUTTI, F. **Teoria geral do direito**. São Paulo: Lejus, 1999.

COELHO, F. U. **Curso de direito comercial**: direito de empresa: contratos; falência; recuperação de empresas. 28. ed. São Paulo: Saraiva, 2016.

GOMES, F. B. **Manual de direito comercial**: de acordo com a nova Lei de Falência e Recuperação de Empresas. 2. ed. Barueri: Manole, 2007.

GONÇALVES, C. R. **Direito civil brasileiro**. Parte geral. 17. ed. São Paulo: Saraiva 2018. v. 1.

GUIESELER JUNIOR, L. C. **Direito falencial**. Curitiba: InterSaberes, 2021.

MAMEDE, G. **Direito empresarial brasileiro**: falência e recuperação de empresas. 12. ed. São Paulo: Atlas, 2018.

MEDINA, R. de C. Al. **Direito penal acadêmico**: parte geral. Rio de Janeiro: De Andréa Ferreira & Morgado Editores, 2008.

NIARADI, G. A. **Direito empresarial**: Bibliografia Universitária Pearson. São Paulo: Pearson Education do Brasil, 2012.

NIARADI, G. A. **Direito empresarial para administradores**. São Paulo: Pearson Prentice Hall, 2008.

NOBREGA, C. S. **Direito empresarial e societário** [livro eletrônico]. 2. ed. Curitiba: InterSaberes, 2018. 2Mb; PDF.

NUGENT, R. **50 segredos das pessoas confiantes**. Tradução de Nancy Marcelino. Carcavelos: Self, 2016.

PERIN JUNIOR, E. **Curso de direito falimentar e recuperação de empresas**. 4. ed. São Paulo: Saraiva, 2012.

PIRES, A. S. X.; OLIVEIRA, F. de A.; CARVALHO, L. G. C. de. **Código de Processo Civil**: doutrina e anotações. Rio de Janeiro: Freitas Bastos, 2015.

POSTIGLIONE, M. L. **Direito empresarial**: o estabelecimento e seus aspectos contratuais. Barueri: Manole, 2006.

RAMOS, A. L. S. C. **Direito empresarial esquematizado**. 6. ed. Rio de Janeiro: Forense; São Paulo: Método, 2016.

TJSP – Tribunal de Justiça de São Paulo. Apelação Cível n. 1001975-61.2019.8.26.0491. Rel. Des. Alexandre Lazzarini. 1ª Câmara de Direito Empresarial, 16 jul. 2020. Disponível em: <https://tj-sp.jusbrasil.com.br/jurisprudencia/928275323/apelacao-civel-ac-10019756120198260491-sp-1001975-6120198260491/inteiro-teor-928275364?ref=serp>. Acesso em: 31 ago. 2021.

Sobre o autor

Luiz Carlos Guieseler Junior é doutorando e mestre em Direitos Fundamentais e Democracia pelo Centro Universitário Autônomo do Brasil (UniBrasil). É bolsista Prosup/Capes e especialista em Direito Tributário pela UniCuritiba e em Teoría Crítica de los Derechos Humanos pela Universidad Pablo de Olavide, Sevilla, Espanha. Atualmente, é advogado e professor da Faculdade Internacional de Curitiba (Uninter), disciplinas Direito Empresarial III e Direito Tributário. É, ainda, membro do Núcleo de Pesquisa em Direito Constitucional (Nupeconst) do Programa de Pós-Graduação do UniBrasil.

Os papéis utilizados neste livro, certificados por instituições ambientais competentes, são recicláveis, provenientes de fontes renováveis e, portanto, um meio responsável e natural de informação e conhecimento.

FSC
www.fsc.org
MISTO
Papel produzido a partir de fontes responsáveis
FSC® C103535

Impressão: Reproset
Fevereiro/2023